THÉATRE

DU MÊME AUTEUR

Voyage idéal en Italie, *épuisé*.

Petite Ville (Bernard Grasset, éditeur).

Les Bergeries (Calmann-Lévy, éditeur).

La Perse en automobile, *épuisé*.

Notes sur l'Amour (Fasquelle, éditeur).

La Révolution russe de mars 1917 à juin 1918, 4 vol. (Payot, éditeur).

Ariane, jeune fille russe (Bernard Grasset, éditeur).

Quand la terre trembla (Bernard Grasset, éditeur).

L'Amour en Russie (Bernard Grasset, éditeur).

Les 144 quatrains d'Omar Khayyam, en collaboration avec *Mirza Mohammed Kasvini* (La Sirène, éditeur).

Feuilles persanes (Bernard Grasset, éditeur). —

Tsar Sultan, *traduit de Pouchkine, décoré et illustré par M. Goutcharove* (La Sirène, éditeur).

Notes sur l'Amour, *avec dessins de Pierre Bunell, gravés sur bois par Y. Mailliez* (G. Crès et Cie, éditeur).

CLAUDE ANET

THÉATRE

MADEMOISELLE BOURRAT

LA FILLE PERDUE

PARIS

BERNARD GRASSET

61, RUE DES SAINTS-PÈRES

1924

Il a été tiré de cet ouvrage dix exemplaires sur
papier Madagascar Lafuma numérotés de 1 à
10 et cinquante exemplaires sur papier velin pur
fil Lafuma numérotés de 11 à 60.

MADEMOISELLE BOURRAT

PRÉFACE

J'ai écrit une longue nouvelle intitulée *Mademoiselle Bourrat* vers la fin du siècle dernier. Elle parut à la *Revue blanche*, puis en volume avec quelques autres sous le titre de *Petite Ville*. Le volume est daté de 1901 [1]. J'ai dû écrire la pièce vers 1903 ou au plus tard 1904, rue Pergolèse où j'habitais alors un petit rez-de-chaussée plein de soleil, au numéro 54. Je ne me souviens pas du tout des dispositions dans lesquelles j'étais lorsque je la composais. En tous cas, je la fis d'un seul jet et assez rapidement.

Je la montrai à Edmond Sée qui, avec quelques autres dont la comtesse Mathieu de Noailles, avait aimé la nouvelle. Il prit ma pièce sous son bras et la remit à Antoine, alors au théâtre qui portait son nom. Antoine la reçut aussitôt. J'étais émerveillé. Comme il était facile d'écrire une pièce ! comme il était simple de la faire jouer !

Quelques mois plus tard, Antoine était

1. Il a été réimprimé chez Bernard Grasset en 1922.

nommé directeur de l'Odéon. (Voilà qui fixerait enfin une date.) J'allai le voir et lui demandai de me rendre *Mademoiselle Bourrat* qui me paraissait ne pouvoir être jouée à l'Odéon.

— Je passe à l'Odéon avec mon drapeau, me répondit fièrement Antoine.

Il traversa donc les ponts avec son drapeau et *Mademoiselle Bourrat*. Mais il comprit plus tard que ma pièce ne pouvait être représentée dans ce théâtre un peu suranné et me la rendit avec trois beaux billets de mille francs, comme dédit.

J'étais ébloui. Une pièce, même non jouée, me rapportait trois mille francs tandis que le livre ne m'avait pas donné un sou.

Mais qui prendrait *Mademoiselle Bourrat?* Je la remis à Gémier, successeur d'Antoine. Gémier, tout préoccupé de faire du théâtre d'art, s'empressait de monter *Sherlock Holmes*. Et puis il n'y avait dans ma pièce de rôle ni pour lui, ni pour Mme Mégard. Il garda le manuscrit qui doit être encore dans les archives du Théâtre Antoine et n'y pensa plus.

Que faire? Multiplier les démarches, mettre en jeu des influences? Je n'ai pas de goût pour l'intrigue, peut-être parce que j'y suis maladroit ; je ne puis attendre dans une antichambre, fût-elle de directeur (cette infirmité m'a coûté cher) ; je ne fais pas de rôles sur mesure ; bref, je n'avais rien de ce qu'il faut pour poursuivre une carrière dramatique. J'oubliai *Mademoiselle Bourrat* et écrivis des livres.

Après la guerre, Edmond Sée (toujours lui !) me dit qu'il fallait faire représenter *Mademoiselle Bourrat*. Il écrivit à Jacques Copeau et à Lugné-Poe. Jacques Copeau demanda le manuscrit, le mit dans un tiroir avec ceux des lycéens qui brûlent d'être joués et comme il avait plus d'excellentes pièces reçues qu'il n'en pouvait monter (pourquoi les directeurs se plaignent-ils de n'avoir pas de pièces ?), il ne trouva pas pendant six mois le temps de le lire. Je le repris.

Lugné-Poe le lut et m'appela au téléphone. Il me dit que l'œuvre était intéressante et sans doute me ferait honneur, mais serait-ce un succès d'argent ? A cela, je ne pouvais répondre et le priai de me rendre le manuscrit.

C'est alors que l'an dernier Edmond Sée parla de ma pièce à M. et à Mme Pitoëf. J'avais vu Mme Pitoëf au Vieux-Colombier et à la Comédie des Champs-Élysées. — De toute la saison, c'était, faut-il l'avouer, mes seules soirées au théâtre. Mme Ludmila Pitoëf m'enchantait. Elle seule pouvait, en effet, incarner la pauvre et touchante Mlle Bourrat. Je compris qu'un dieu avait bien voulu garder ma pièce pour le jour où Mme Pitoëf pourrait l'interpréter. Je lui remis le manuscrit. Elle l'emporta au bord de la mer à Cap Breton ; elle le lut, elle aima cette simple et triste histoire, et voilà comment, après une vingtaine d'années, *Mademoiselle Bourrat* apparut sur la scène de la Comédie des Champs-Élysées le 12 janvier 1923.

Je vois que mes confrères auteurs dramatiques ont l'habitude d'élever aux nues les interprètes qui ont incarné leur héroïne. J'ai lu ainsi des éloges prodigieux d'actrices qui n'ont jamais su m'émouvoir et qui à mes yeux n'ont aucun talent. Partout ce ne sont que dithyrambes, prosopopées et points d'exclamation. Alors je me sens très gêné pour parler de Mme Ludmila Pitoëf. Je sais bien — cela m'encourage — que personne ne prend au sérieux les éloges ampoulés qu'on lit dans les feuilles. Tout de même comment se tirer d'affaire? — Eh ! par le seul moyen qui soit à ma portée, par la simplicité.

Je dirai donc que cette Ludmila Pitoëf arrive à nous émouvoir par les moyens les plus humains, qu'elle ignore les gestes dits dramatiques et les éclats de voix par lesquels les acteurs pensent traduire une émotion qu'ils ne ressentent pas. Elle est émouvante parce qu'elle est émue. Voilà le grand secret.

Un cœur qui frémit à tous les sentiments, qui se livre sans réserve, une sensibilité si communicative qu'il est impossible de rester insensible lorsqu'on entend vibrer certains mots. J'ai vu à chaque fois Ludmila Pitoëf sortir de scène au second ou au troisième acte de *Mademoiselle Bourrat*, secouée encore de sanglots, et des larmes coulant sur ses joues. Et, lorsque le texte lui en donne l'occasion, quelle joie dans cette voix si merveilleusement nuancée ! elle s'emplit tout à coup de lumière et de gaîté...

Quand j'ai su que Ludmila Pitoëf jouerait *Mademoiselle Bourrat*, je respirai librement. Je me souvenais vaguement de ma pièce comme d'une histoire assez sombre, assez osée aussi, avec quelques scènes — la dernière du premier acte, et la scène avec la mère au second — assez dangereuses. Du moment que Ludmila Pitoëf les jouait, j'étais sûr que, grâce à son tact et à son talent, ces scènes passeraient sans soulever l'ombre d'une protestation. Et l'expérience le démontra.

A côté d'elle, je fus servi par une troupe excellente et homogène avec en tête M. Michel Simon dans le père Bourrat dont il fit une création remarquable. Je ne crois pas que l'on oublie la scène où ce père malheureux pleure avec sa fille malheureuse. Mme Silvère voulut bien se charger du rôle de la terrible Mme Bourrat. Elle le joue avec une grande autorité et exerce sur le public comme sur sa fille une véritable maîtrise, dont elle use avec intelligence dans les moments scabreux de la pièce. Mlle Manson, dans Caroline est charmante, et rieuse, et niaise à souhait. Mme Irma Perrot commère le mieux du monde en Mme Bourrat de Vermand, M. Penay dessine avec justesse M. Nicolas Allemand, M. Jim Gérald le curé, M. Ponti Célestin, et Mmes Casalis et Schuller les vieilles domestiques de la maison.

M. George Pitoëf qui est le plus intelligent et le plus doué des metteurs en scène a imaginé un décor unique, ingénieux et séduisant, grâce auquel nous voyons, du même coup, le corridor, le grand et le petit salon, et le jardin de Prévoux. La mise en scène est réglée dans le goût même de la pièce, avec simplicité et naturel.

De la pièce elle-même, je n'ai rien à dire. Elle est là sous vos yeux. Je n'aime pas les auteurs incompris. *Mademoiselle Bourrat* a été comprise, comme je l'ai sentie, par l'immense majorité du public et de la critique. Bien qu'elle ait été écrite au temps du Théâtre libre, je crois qu'elle n'a pas subi son influence. Au vrai, j'allais aussi peu au théâtre alors qu'à présent et je ne me souviens

pas qu'aucune pièce au Théâtre libre ait fait
quelque impression sur moi. Il n'y a donc pas
là une « tranche de vie », mots affreux qu'un
homme de goût ne peut prononcer. Il y a un
drame dans un milieu bourgeois que j'ai
essayé de décrire avec vérité. Lorsqu'on met
de la vérité et du naturel dans ce qu'on écrit,
fait-on une « tranche de vie »? Ce drame finit
en comédie, comme il arrive parfois et souvent dans la réalité.

Le public qui avait pleuré au troisième
acte a ri au quatrième et à quelques mots
de comédie semés çà et là, lorsqu'ils étaient
en situation. Je pense que je lui devais bien
cela puisque je l'ai trouvé si attentif et bien-
veillant. Le malheur eût été de le faire rire
quand je voulais le faire pleurer. Mais le
public ne s'y est pas trompé. Il rit quand il en
a l'occasion, mais il devient sérieux quand
il le faut, et les mouchoirs sortent à point
nommé.

Il me paraît — après un temps si long je
la regarde comme un objet étranger — que
ma pièce n'est pas mal faite, j'entends au
point de vue du métier indispensable à
tout homme qui veut faire paraître une
œuvre de son esprit devant une foule assem-
blée ; il y a ce qu'il faut de préparations et
j'ai présenté Mlle Bourrat comme possédée
par le sentiment de la maternité, lequel est

si beau et si nécessaire qu'il purifie tout ce qu'il touche. Ici Mme Pitoëf m'a beaucoup aidé. Par son attitude, par sa voix, par son expression, elle fait comprendre tout de suite au spectateur pourquoi elle est attirée par les vingt ans sains du jardinier. Jouée par une autre, la scène avec Célestin présentait quelque danger. Songez-y un peu, sur un théâtre parisien, devant les spectateurs de *Ta bouche* et de *Phi-Phi*.

Quand j'y réfléchis, et à distance, je suis presque effrayé par l'habileté avec laquelle j'ai écrit il y a vingt ans cette *Mademoiselle Bourrat*, et il me semble que si j'avais voulu développer uniquement les dons de métier qui y apparaissent, j'aurais pu, comme quelques autres, faire fortune au théâtre. Mais j'avais d'autres préoccupations. J'avoue que j'ai souri quand j'ai vu un critique étranger parler de ma naïveté. Je pense que cet homme n'a lu quoi que ce soit de moi, et je suis bien loin de lui en vouloir. Mais ignore-t-il que l'extrême simplicité est le dernier mot de l'art? Je sais à quelle distance je suis du but, mais c'est tout de même ce but-là que je cherche à atteindre, et pas un autre.

MADEMOISELLE BOURRAT

PIÈCE EN QUATRE ACTES

PERSONNAGES

M. Bourrat	MM. Michel Simon.
M. Nicolas Allemand . . .	Penay.
Célestin	Ponti.
Le Curé	Jim Gérald.
Mlle *Bourrat*	Mmes Ludmila Pitoëf.
Mme *Bourrat*	Nora Sylvère.
Mme *Bourrat de Vermand.* .	Irma Perrot.
Caroline	Hélène Manson.
Victoire	Bérubet.
Julie, la cuisinière	Schuller.
Louise	Casalis.

Les quatre actes se passent chez les Bourrat, à Prévoux, près de Valleyres, dans le même décor, à la fin du siècle dix-neuvième.

MISE EN SCÈNE DE PITOËF

Représentée le 12 janvier 1923 à la Comédie des Champs-Elysées.

à
p
L
s
si
ch
D
un
de
qu
l'é
m
so
po
be
ch
do

co
ve

d'

A

ACTE PREMIER

La scène représente l'intérieur de la maison des Bourrat, à Prévoux, près de Valleyres. Elle est divisée en deux parties par une cloison qui sépare le petit du grand salon. Le petit salon se trouve à gauche et occupe le tiers de la scène. A gauche, dans le petit salon, une fenêtre donnant sur le jardin ; devant la fenêtre, une table, une chaise de chaque côté de la table, puis, dans un pan coupé, un piano. Dans la paroi qui sépare le petit du grand salon, au fond, une porte menant dans le grand salon ; une seconde porte dans la même paroi ouvre au premier plan sur un corridor qui passe devant le mur absent du salon. Entre la porte et l'avant-scène, le bureau de Mme Bourrat et le casier à musique. Le grand salon occupe les deux autres tiers de la scène à l'arrière-plan. Dans la paroi du fond, une grande porte-fenêtre ouvrant sur le jardin où l'on voit une corbeille de fleurs. Au centre du salon, une table avec des chaises, et, tournant le dos à la scène, un petit canapé à dossier bas.

Une porte, à l'extrême droite, mène du salon dans le corridor ; une seconde porte, qu'on ne voit pas, dans le vestibule.

Un triste mobilier Louis-Philippe. On est au mois d'avril, il fait beau temps, soleil.

Au lever du rideau, on voit arriver dans le jardin une jeune femme portant un bébé dans ses bras. Elle s'approche avec précaution de la porte-fenêtre ouverte, jette un coup d'œil dans l'intérieur du salon et, le voyant vide, se décide à entrer. C'est une grande et forte personne de dix-neuf ans, un peu pâle, les yeux sans expression. Elle parle à son bébé.

« Eh bien, mon petit Robert adoré, tu as fait une belle promenade. Nous ne le dirons pas... Si on le savait, nous serions grondés, mais aussi ça ne te vaut rien d'être enfermé toute la journée. Tu es pâle, mon pauvre petit... Tu as été bien sage aujourd'hui. Tu n'as pas pleuré. Fais une risette à ta maman... Oh ! le chérubin, il s'est endormi. C'est le grand air. Ferme tes beaux yeux bleus, mon adoré. Fais dodo. (*Chantonnant.*) « Dodo, l'enfant do, l'enfant dormira bientôt. » Nous allons rentrer chez nous, parce que si ta grand'mère te trouvait là, elle ne serait pas contente. Tu comprends, mon gros loup ! (*Elle l'embrasse sur le front.*) Mais à une heure et demie, il n'y a pas de danger qu'elle te voie. Elle est dans sa chambre jusqu'à deux heures. Chaque jour, c'est la même chose. Oh ! le petit gredin, il dort ! Il n'écoute pas sa maman chérie... (*Elle se promène de long en large en le berçant. Comme elle arrive près de la porte de droite, celle-ci s'ouvre et entre Mme Bourrat, sèche, maigre, pointue, autoritaire.*)

Mlle *BOURRAT, clouée sur place par l'émotion.* — Oh !

Mme *BOURRAT.* — Qu'est-ce que tu fais là ?

Mlle *BOURRAT.* — Vous voyez, maman.

Mme *BOURRAT.* — Je t'y prends encore, malgré mes ordres formels. Donne-moi ton bébé.

Mlle *BOURRAT.* — Mais, maman...

Mme *BOURRAT*. — Il n'y a pas de « mais, maman », donne-moi ton bébé. (*Sa fille fait un pas en arrière. M*^{me} *Bourrat la regardant.*) Qu'est-ce que cela veut dire? (*Sa fille s'arrête aussitôt, M*^{me} *Bourrat s'empare du bébé et le jette vivement sur le canapé.*) Voilà ce que j'en fais de ton bébé.

Mlle *BOURRAT, presque en pleurant.* — Oh ! maman...

Mme *BOURRAT*. — J'en ai assez de te voir jouer à la poupée. N'est-ce pas honteux, une grande fille de dix-neuf ans? Que t'a-t-on appris au couvent? Même pas à obéir. Je t'avais défendu de sortir ce bébé de ta chambre. Puisque tu ne m'écoutes pas, c'est bien simple, je confisque le bébé.

Mlle *BOURRAT*. — Maman, je vous en prie, je l'aime tant.

Mme *BOURRAT*. — C'est ça qui m'est égal. (*Elle prend le bébé et le porte au petit salon, dans le secrétaire qu'elle ouvre au moyen d'une clef de sa trousse.*)

Mlle *BOURRAT, la suivant.* — Maman !

Sans répondre, Mme *Bourrat revient au salon, s'assied dos au public, à la table, prend son ouvrage, regarde l'heure au mur derrière elle.*

Mme *BOURRAT*. — Deux heures et demie ! Appelle Julie, elle doit avoir fini avec la vaisselle. J'ai à lui parler.

Mlle *BOURRAT*. — Bien, maman. (*Elle va à droite.*)

Mme *BOURRAT*. — Et tu reviendras ici. Tu n'as pas fini ton carré?

Mlle *BOURRAT*. — Pas tout à fait.

Célestin passe dans le jardin.

Mme *BOURRAT*. — Eh bien, ne flâne pas. (*M*^{lle} *Bourrat sort.*)

Mme *BOURRAT, regardant par la fenêtre.* — Voilà Célestin qui se croise les bras. Je n'ai jamais vu un jardinier pareil. Il faudra que je lui parle sérieusement.

Mlle *BOURRAT, rentrant.* — Julie vient dans une minute. (*Elle s'assied près de sa mère.*)

Mme *BOURRAT, après un silence.* — Tu as été au jardin potager, ce matin?

Mlle *BOURRAT*. — Heu...

Mme *BOURRAT*. — Inutile de chercher, tu y as été. J'ai vu la marque de tes bottines sur le sable de l'allée. Il n'y a pas à s'y tromper. Célestin ne porte pas de bottines, n'est-ce pas? As-tu mangé des fruits?

Mlle *BOURRAT*. — Oh! non, maman, ils ne sont pas encore mûrs. Et puis, vous les avez comptés avec Célestin.

Mme *BOURRAT*. — En tout cas, tu n'as rien à faire au potager. Tu as le jardin et le petit bois pour te promener. Il faut que ça te suffise.

Mlle *BOURRAT*. — Bien, maman.

Mme *Bourrat travaille. M*^{lle} *Bourrat regarde par la fenêtre. On voit passer Célestin dans le jardin. M*^{lle} *Bourrat le suit des yeux, absorbée pendant toute la scène suivante. On frappe à la porte.*

Mme *BOURRAT.* — Entrez.

Entre Julie, la cuisinière, vieille femme, un peu voûtée.

Mme *BOURRAT.* — Julie, on a servi à table, ce matin, des fraises que l'on aurait très bien pu envoyer au marché.

JULIE. — Faites excuse, madame. Celles qu'on a servies à table étaient trop avancées pour le marché. Personne n'en aurait voulu à Valleyres.

Mme *BOURRAT.* — Je sais ce que je dis. La prochaine fois, vous m'apporterez les fraises à trier. On ne peut se fier à personne. Vous pouvez aller, Julie.

JULIE. — Puisque je suis là, il faut que je demande à madame quelques allumettes.

Mme *BOURRAT.* — Des allumettes? Je vous en ai donné dix, lundi, pour la semaine, et nous sommes à vendredi. Qu'en avez-vous fait de vos allumettes? Vous les avez mangées?

JULIE. — J'ai trop peu de bois chaque jour. Le feu s'est éteint deux fois dans la journée d'hier.

Mme *BOURRAT.* — A votre âge, Julie, vous devriez savoir l'entretenir. Vous brûleriez une forêt, si on vous laissait faire. Enfin, je vais vous redonner trois allumettes : il faudra qu'elles durent jusqu'à lundi.

Elle se lève et va au secrétaire à gauche, dans le petit salon, l'ouvre, prend des allumettes et les remet à Julie.

JULIE. — Merci bien, madame ; je ferai du macaroni pour ce soir?

Mme *BOURRAT*. — Oui, je vous l'ai dit ce matin. Mais ne mettez pas trop de beurre, Julie, c'est mauvais pour l'estomac, vous abusez du beurre.

JULIE. — Il faut pourtant ce qu'il faut, madame. (*Elle sort à droite par le corridor au premier plan, en grommelant.*)

Mme *BOURRAT*. — Julie devient vieille, elle ne fait plus attention. (*A sa fille.*) A quoi rêves-tu là? (*M*^lle *Bourrat n'entend pas.*) Dis donc, je te parle.

Mlle *BOURRAT, sursautant*. — Pardon, maman.

Mme *BOURRAT*. — A quoi penses-tu?

Mlle *BOURRAT*. — A rien, maman.

Mme *BOURRAT*. — Je ne sais vraiment ce que tu as, ma fille. Tu peux rester à rêver pendant des heures et, quand on te questionne, tu as l'air de tomber de la lune. Ah ! on t'a donné de bonnes habitudes au couvent. Je te demande un peu, si tu te mariais, comment tu ferais pour tenir ton ménage. Il y en aurait du désordre et du coulage chez toi!...Allons, voilà tout de suite trois heures. Tu oublies que le 15 juin nous avons la vente organisée par le curé pour l'œuvre des missions de Guinée. Où en es-tu de tes chemises?

Mlle *BOURRAT*. — J'en ai fait deux, maman.

Mme *BOURRAT*. — Tu n'as plus que trois semaines pour les dix autres. Il n'est que temps

de t'y mettre. Ta cousine Caroline ne sera pas
là avant une demi-heure. Et fais-moi le plaisir
de tourner le dos à la fenêtre. Quand tu es près
de la fenêtre, tu regardes tout le temps dehors
et l'ouvrage n'avance pas.

*Mlle Bourrat tourne sa chaise à regret. Elle tire
de son panier une horrible chemise de colon-
nade voyante et commence à coudre. Un silence. On frappe à la porte.*

Mme BOURRAT. — Entrez.

Entre Louisa, la femme de chambre.

LOUISA. — Est-ce que madame pourrait
venir voir pour le linge? On est en train de le
rentrer.

Mme BOURRAT, se levant. — J'y vais. (*A sa
fille.*) Et toi, travaille. Que je ne te trouve pas
en train de rêver quand je reviendrai.

*Mlle BOURRAT, dès que sa mère est partie,
laisse tomber son ouvrage, tourne sa chaise et
regarde par la fenêtre.* — Ah ! Célestin n'est plus
là ! C'est ennuyeux. Je ne sais pas que faire. Si
seulement je pouvais aller au jardin, à présent...
Mais je n'aurai pas le temps avant que maman
rentre. (*Elle se lève, passe dans le petit salon, va
à la table, prend un livre rouge, à tranche dorée, et
l'ouvre. Lisant.*) « Notre doux Sauveur a donné
son sang pour nous. » A qui est-ce qu'il ressemble, Notre Seigneur, sur cette image? Qu'il
est beau ! Que je l'aime ! Ah ! mais c'est à Célestin qu'il ressemble. C'est vrai. Oh ! que je suis
contente. Il faudra que je montre cette image à

Caroline. (*Elle ferme le livre et va à la fenêtre.*)Non, il n'est plus là, il est sans doute au jardin potager. (*Elle rentre au salon.*) Je suis fatiguée. J'aimerais être dehors. Il fait si beau, les oiseaux s'amusent, et ils se battent. Comme ils sont drôles !

Entre par la gauche M. Bourrat. Il est gros, grisonnant, barbu, l'air niais et bon.

M. BOURRAT. — Eh bien, fifille, que fais-tu là?

Mlle BOURRAT. — Je regarde les petits oiseaux. J'aimerais tant les prendre dans ma main et les caresser. Mais je ne sais pas ce qu'ils ont ce mois-ci. Ils se poursuivent et se battent, et se sautent dessus comme des méchants. Pourquoi font-ils ainsi, papa?

M. BOURRAT, *gêné.* — C'est comme ça, que veux-tu? C'est comme ça, ils s'amusent. (*Un silence.*) Tu sais, la Roussotte a eu un veau ce matin. Tu pourras aller le voir à l'étable. On a eu du mal à l'avoir, le gredin.

Mlle BOURRAT. — Un petit veau, quel bonheur! C'est le premier depuis que je suis rentrée à la maison. Voulez-vous me le donner, papa?

M. BOURRAT, *riant.* — Te le donner ! Quelle drôle d'idée ! Non, non, dans un mois, quand il sera gros, on le vendra au boucher et on le mangera. Te donner un petit veau, mais qu'en ferais-tu? (*Il rit.*)

Mlle BOURRAT. — Je l'aimerais, papa.

Mme BOURRAT, *rentrant, à sa fille.* — C'est comme ça que tu travailles! Dès que j'ai le dos tourné tu flânes. Il faudrait que je sois partout dans la maison en même temps. A présent, va enlever ton tablier pour être prête quand ta tante arrivera et ne prends pas dix minutes pour cela, je te prie.

Mlle Bourrat sort à gauche.

Mme BOURRAT, *à son mari.* — Qu'est-ce qui te faisait rire?

M. BOURRAT. — C'est que fifille a des idées ! Pour certaines choses on dirait qu'elle n'a que cinq ans. Elle voulait que je lui dise pourquoi les oiseaux se pourchassent au printemps. Elle ne sait rien de rien.

Mme BOURRAT. — Je l'espère bien. Depuis qu'elle est sortie du couvent, elle ne m'a pas quittée un seul jour. Et il en sera ainsi jusqu'au jour où elle se mariera. Je ne donne pas dans les idées modernes, moi. La plupart des jeunes filles, à Valleyres, même de notre monde, ont aujourd'hui une liberté absurde. (*Un temps.*) Ce n'est pas ton avis?

M. BOURRAT. — Mais oui, ma bonne, tu as raison, comme toujours.

Mme BOURRAT. — Je comprends que les jeunes gens de nos jours hésitent à se marier. C'est pour cela qu'il y a tant de vieilles filles à Valleyres.

M. BOURRAT. — Heureusement que fifille a le temps !

Mme BOURRAT. — On n'a jamais le temps. Je ne serai tranquille que quand j'aurai marié ma fille.

M. BOURRAT. — Enfin, ne te presse pas. J'aime bien avoir fifille à la maison.

*M*ᵐᵉ *BOURRAT*. — Les hommes sont bien tous les mêmes. Ils ne pensent qu'à eux. Mais je suis là.

*Rentre par la gauche M*ˡˡᵉ *Bourrat qui a enlevé son tablier et s'est recoiffée.*

M. BOURRAT. — Je vais jusqu'à la ferme. Je veux demander au fermier un peu de fumier pour les corbeilles de fleurs.

*M*ᵐᵉ *BOURRAT*. — Il faut qu'il le donne. Je ne veux pas qu'on dépense un sou pour ces corbeilles de fleurs. C'est déjà assez qu'elle prennent le temps de Célestin.

Sort M. Bourrat à droite.

*M*ᵐᵉ *BOURRAT*. — As-tu fait ton piano ce matin pendant que j'étais à Valleyres? Tu n'oublies pas que M. Nicolas Allemand vient demain.

*M*ˡˡᵉ *BOURRAT*. — J'ai travaillé une heure ce matin.

*M*ᵐᵉ *BOURRAT*. — Bien, reprends ton ouvrage en attendant l'arrivée de ta tante. (*M*ˡˡᵉ *Bourrat s'assied et continue à travailler à la chemise de couleur. Mme Bourrat travaille en face d'elle. Un silence.*)

*M*ᵐᵉ *BOURRAT*. — A propos, j'ai encore trouvé ton petit chat à la cuisine, en train de boire du lait. J'ai défendu à Julie de lui en donner à l'avenir.

*M*ˡˡᵉ *BOURRAT*. — Le pauvre petit ! Il va mourir de faim.

*M*ᵐᵉ *BOURRAT*. — Il attrapera des souris et se tirera d'affaire. Si tu crois que c'est pour ton chat que ton père élève un troupeau de vaches...

*M*ˡˡᵉ *BOURRAT, à mi-voix, les larmes aux yeux.* — Pauvre petit minet ! (*Un silence.*)

*M*ᵐᵉ *BOURRAT*. — Ne rêve pas. Travaille. (*Un temps.*) Ah ! j'entends la voiture de ta tante.

*M*ˡˡᵉ *BOURRAT*. — Je n'entends rien.

*M*ᵐᵉ *BOURRAT, se levant.* — Tu n'as pas l'ouïe fine.

*M*ˡˡᵉ *BOURRAT, se levant aussi.* — Oui, ce sont elles, quel bonheur !

*Elles sortent toutes deux à droite. Un instant après entrent Caroline et M*ˡˡᵉ *Bourrat.*

CAROLINE. — Comment vas-tu, chérie? Tu as l'air fatiguée. Tu as pâli. Qu'est-ce qu'il y a?

*M*ˡˡᵉ *BOURRAT*. — Je dors mal ces temps-ci, je suis agitée, je ne sais pas pourquoi. Et puis, je n'ai pas d'appétit.

CAROLINE. — Je sais ce que tu as. Tu es trop seule ici, tu t'ennuies. Ma pauvre chérie ! Écoute, tu vas venir à Vermand passer dix jours avec nous. Mon frère Henri sera là. On s'amusera.

*M*ˡˡᵉ *BOURRAT*. — Oh ! maman ne permettra pas.

CAROLINE. — Maman lui demandera, et je lui monterai une scie. Il faudra qu'elle cède. Je suis si contente à l'idée de t'avoir chez moi. On ne se voit jamais.

*M*ˡˡᵉ *BOURRAT*. — Vermand est trop loin de Prévoux. Maman dit qu'elle ne peut pas perdre de temps sur les routes.

CAROLINE. — Et ton piano? Quand as-tu vu M. Nicolas Allemand?

*M*ˡˡᵉ *BOURRAT*. — Il vient demain.

CAROLINE. — Qu'il est laid, ma chère ! Mais il paraît qu'il est si intelligent. Il passe deux heures par jour aux archives de Valleyres à chercher des documents pour l'histoire de nos familles, de toutes les vieilles familles de Valleyres. Papa dit souvent que M. Allemand fait une œuvre historique d'une grande portée. C'est vraiment curieux pour un professeur de piano ! Mais qu'il est laid, le pauvre, et maladroit ! L'autre jour, chez Mᵐᵉ Lanterle, où il donnait une leçon à Julie, ne faut-il pas qu'il casse un vase sur la table du salon ! Mᵐᵉ Lanterle, qui est avare comme pas une, en est devenue verte. (*Elle rit.*)

*Célestin passe devant les fenêtres du salon. M*ˡˡᵉ *Bourrat se tourne et le regarde. On le voit s'arrêter à une corbeille, devant la fenêtre de gauche.*

*M*ˡˡᵉ *BOURRAT, avec mystère.* — C'est Célestin.

CAROLINE. — Je vois.

*M*ˡˡᵉ *BOURRAT*. — Sais-tu ce que j'ai trouvé? Célestin ressemble à une image de Notre Seigneur dans un livre que j'ai, *la France et le Sacré-Cœur.*

CAROLINE. — Tu es folle.

Mlle *BOURRAT*. — Non, c'est vrai, tu vas voir. (*Elle va au petit salon, prend le livre, l'ouvre et le montre à Caroline.*) Regarde, n'est-ce pas qu'il est beau?

CAROLINE. — Il est très beau, mais je ne vois pas du tout que Célestin lui ressemble.

Mlle *BOURRAT*, *avec certitude.*— C'est frappant. (*Elle retourne au petit salon, regarde au dehors.*) Il s'en va. (*Elle le suit des yeux et revient au salon.*)

CAROLINE. — Et la vente du curé, t'en occupes-tu?

Mlle *BOURRAT*, *montrant son ouvrage.* — Je fais ces chemises pour les nègres. Maman a dit que c'était par là qu'il fallait commencer. Ah ! sais-tu qu'en donnant un sou par jour, on peut racheter un petit nègre?

CAROLINE. — Oui, je sais.

Mlle *BOURRAT*. — J'aimerais tant racheter un petit nègre ! mais maman refuse de donner un sou par jour, elle trouve que c'est trop cher pour un nègre. Et puis, il paraît que le nègre reste là-bas, et moi j'aurais voulu l'avoir ici.

CAROLINE.— Je te vois avec ton petit nègre !

Mlle *BOURRAT*. — J'aimerais tellement avoir un bébé à moi. Ça me serait égal qu'il fût noir, pourvu qu'il soit mon petit enfant. Ah ! je le caresserais, je le dorloterais. J'en rêve souvent. Crois-tu que je pourrais avoir un bébé?

CAROLINE. — Mais tu es folle. Tu sais bien qu'il n'y a que les femmes mariées qui ont des enfants. Les jeunes filles n'en ont jamais, jamais...

Mlle BOURRAT. — Oui, je sais, d'habitude, c'est comme ça. Seulement, si le bon Dieu le voulait, il pourrait m'en donner un tout de même, puisqu'il est tout-puissant. Alors, je le prie, soir et matin, de m'envoyer un petit enfant à moi. Tu ne sais pas combien j'en serais heureuse. Peut-être qu'il m'écoutera, le bon Dieu.

CAROLINE. — Je ne crois pas.

Mlle BOURRAT, se levant. — Écoute, allons au jardin, avant que maman rentre. Je te montrerai des nids tout nouveaux.

CAROLINE. — Je veux bien.

Elles sortent par la porte-fenêtre. Un instant après, entrant par la gauche, les deux dames Bourrat.

Mme BOURRAT DE VERMAND, elle est grosse, essoufflée, sa respiration siffle entre ses dents lorsque elle s'arrête de parler. Elle va s'asseoir dans un fauteuil au centre. — Eh bien, Clémence, qu'avez-vous dit du scandale de Valleyres?

Mme BOURRAT. — Un scandale?

Mme BOURRAT DE VERMAND. — Comment ne sauriez-vous pas le scandale? Quel bonheur !... C'est affreux. Imaginez-vous que Marie Le Petit, vous savez, la mercière de la rue Haute, celle qu'on appelle la plus jolie fille de Valleyres, celle à laquelle M. le curé s'intéressait tant, qu'il citait en exemple à tous...

Mme BOURRAT. — Eh bien?

Mme BOURRAT DE VERMAND. — Eh bien, elle est enceinte, oui, ma bonne, enceinte. C'est pour dans quatre mois, paraît-il. Mais ce qu'il y a de plus extraordinaire, c'est qu'elle n'a jamais voulu dire de qui, pas même à M. le curé. C'est affreux... Où allons-nous ? Je me le demande.

Mme *BOURRAT*. — Ce que vous me racontez là ne m'étonne pas du tout. Cela apprendra à la petite bourgeoisie à prendre exemple sur nous et à surveiller ses filles. Grâce à Dieu, des scandales pareils sont impossibles dans notre monde. Ma fille ne sort pas du jardin, qui est clos de murs, sans que je l'accompagne.

Mme *BOURRAT DE VERMAND*. — Quelle triste année ! (*Passe Louisa avec le plateau de thé.*)

Mme *BOURRAT*. — Au petit salon, Louisa. — J'ai été beaucoup plus fâchée d'apprendre que mon cousin Louis Lanterle, qui est au Havre, a eu un second enfant de sa maîtresse.

Mme *BOURRAT DE VERMAND*. — C'est affreux, en vérité.

Mme *BOURRAT*. — Dieu sait quels sacrifices d'argent ses parents seront obligés de faire quand il voudra se marier. Il paraît que sa coquine de maîtresse était honnête avant de l'avoir ; ou du moins elle a eu l'habileté de le lui faire croire.

Mme *BOURRAT DE VERMAND*. — Que deviendront nos filles si les jeunes gens de notre monde se conduisent ainsi, — je me le demande.

Mme *BOURRAT*. — Il est certain qu'à Valleyres la situation est inquiétante. J'ai compté vingt-trois jeunes filles à marier entre vingt et vingt-cinq ans, et point de jeunes gens.

Mme BOURRAT DE VERMAND. — C'est affreux... J'y songe toute la journée.

Mme BOURRAT. — Il y a ce M. Perret de la tannerie, qui cherche à se glisser dans notre cercle. Il gagne de l'argent, paraît-il, mais sa famille n'existe pas. Il est parti de rien. Voyez-vous ma fille avoir comme tante une mercière de la rue Haute?

Mme BOURRAT DE VERMAND. — Ah ! ce serait affreux.

Louisa sort par le salon

Mme BOURRAT. — Vous appellerez ces demoiselles. (*Elle passe dans le petit salon avec sa belle-sœur.*)

Mme BOURRAT DE VERMAND. — Il paraît que M. Nicolas Allemand a trouvé aux archives de la ville un acte au nom des Duret, daté de 1568.

Mme BOURRAT. — Alors Mme Duret triomphe ! Ce professeur de piano qui se mêle d'histoire m'ennuie. Du reste, Mme Duret ne recule devant rien. Vous avez vu dimanche qu'au sortir de la messe, elle a été lui tendre la main et est restée longtemps à causer avec lui. J'apprendrais qu'elle l'a reçu chez elle le soir que cela ne m'étonnerait pas.

Entrent les deux jeunes filles par la droite.

CAROLINE. — Nous avons été à l'étable. Il y a un petit veau qui est né ce matin.

Mlle BOURRAT. — Il est si joli, l'amour, je l'ai embrassé.

Mme *BOURRAT.* — Tu me feras le plaisir de ne pas retourner à l'étable. Ce n'est pas la place d'une jeune fille bien élevée.

CAROLINE, bas à sa mère. — As-tu demandé?

Mme *BOURRAT DE VERMAND.* — Pas encore.

CAROLINE. — Demande donc.

Mme *BOURRAT DE VERMAND.* — Ma chère Clémence, Caroline aimerait avoir votre fille pendant une quinzaine de jours à Vermand. Ces deux cousines se voient si peu, c'est affreux.

CAROLINE. — Oh! s'il vous plaît, ma tante... Ce serait si délicieux.

Mme *BOURRAT DE VERMAND.* — Mon fils Henri rentre en juin. Ces enfants s'amuseront ensemble.

Mme *BOURRAT.* — Je le regrette, Marie, mais je ne puis vous donner ma fille. Je vous l'ai dit tout à l'heure, elle ne m'a pas quittée un seul jour depuis qu'elle est sortie du couvent.

CAROLINE. — Mais elle sera tout le temps avec moi.

Mme *BOURRAT.* — Ce n'est pas la même chose.

CAROLINE. — Pourtant...

Mme *BOURRAT, sèche.* — Inutile d'insister, Caroline. (*Elle se tourne vers sa belle-sœur et se lève.*) Si vous avez fini votre thé, Marie, venez là, nous serons mieux pour causer.

Mme *BOURRAT DE VERMAND, se levant et suivant sa belle-sœur au salon.* — Volontiers, Clémence. Ah! j'oubliais de vous dire que je ne garde pas ma femme de chambre.

Mme *BOURRAT*. — Est-ce possible?

En parlant, les deux dames vont s'asseoir au salon, au dernier plan, à droite près de la fenêtre. Les deux jeunes filles restent au petit salon devant la table de thé à droite, premier plan.

CAROLINE. — C'est dégoûtant que tu ne viennes pas à Vermand.

Mlle *BOURRAT*. — Je savais bien que maman ne me permettrait pas.

CAROLINE, avec une caresse. — Ma pauvre, que je te plains ! Comme tu dois t'ennuyer !

Mlle *BOURRAT*. — Mais non, je ne m'ennuie pas, sauf quand je suis avec maman, parce qu'alors il ne s'agit pas de lever le nez de son ouvrage, mais quand je suis seule, je ne m'ennuie pas. S'il fait beau, je vais au jardin...

CAROLINE. — Mais qu'est-ce que tu y fais?

Mlle *BOURRAT*. — Rien.

CAROLINE, riant. — C'est tout?

Mlle *BOURRAT*. — Je regarde les petits oiseaux. Ils sont si gentils et si drôles. Ou bien je vais jusqu'à l'étable, j'aime tant caresser les vaches. Il fait tiède dans l'étable et les vaches tournent la tête pour me regarder. (*Un temps, et baissant la voix.*) Et puis, au jardin, il y a Célestin.

CAROLINE. — Ah !

Mlle *BOURRAT*. — Je reste près de lui pour le voir travailler. Il est si beau et si fort ! Il lève de grosses mottes d'un seul coup de sa bêche et les retourne.

CAROLINE. — Alors, vous faites un bout de causette, tous les deux?

Mlle BOURRAT. — Oh ! non.

CAROLINE, riant. — Vous ne dites rien?

Mlle BOURRAT. — Oh ! Si. Célestin me dit comme ça : « Bonjour, mademoiselle, il fait beau temps pour se promener », et je lui réponds : « Oui, Célestin ». Et puis, il me dit : « Il y a les vers blancs qui me donnent bien du tintouin » — ou bien « Sale année ! on aurait besoin d'eau » — voilà, des choses comme ça.

CAROLINE. — C'est tout? Ce n'est pas bien gai.

Mlle BOURRAT. — Oh ! oui, mais je ne peux pas t'expliquer, tu comprends. Seulement, je ne m'ennuie pas, je t'assure. Il me semble que je voudrais rester toujours comme ça à ne rien faire : on est comme engourdi.

Mme BOURRAT DE VERMAND, se levant et appelant. — Allons, Caroline, il est temps de rentrer. (*A Mme Bourrat.*) Au revoir, ma chère, à dimanche, à la messe.

Mme BOURRAT. — Au revoir, Marie.

CAROLINE. — Adieu, chérie, ne m'oublie pas. Adieu, ma tante.

Mlle Bourrat accompagne ces dames qui sortent à droite.

Mme BOURRAT, seule, allant au plateau de thé et comptant les morceaux de sucre dans le sucrier. — Un, deux, trois, cinq, sept, neuf et dix.

Elle retourne à son ouvrage et travaille. Rentre Mlle Bourrat, qui se dirige vers la porte-fenêtre.

Mme *BOURRAT*. — Où vas-tu?

Mlle *BOURRAT*. — Au jardin, maman.

Mme *BOURRAT*. — Reste ici. Si on te laissait faire, tu serais toute la journée au jardin. Prends ton ouvrage et travaille encore une demi-heure.

Mlle Bourrat s'installe avec son ouvrage dans l'embrasure de la porte-fenêtre.

Mme *BOURRAT*. — Viens à côté de moi. Quand tu es près de la fenêtre, tu regardes tout le temps dehors. Ce n'est pas comme ça que l'ouvrage se fait.

Mlle *BOURRAT, se levant*. — Oh ! maman. (*Elle s'assied près de sa mère et travaille. Un long silence.*)

Entre Julie à droite.

JULIE. — Madame, c'est les femmes de la lessive qui ont fini.

Mme *BOURRAT, se levant*. — C'est bien, je vais les payer. (*Elle sort à droite avec Julie. A peine est-elle sortie, Mlle Bourrat se tourne et regarde dans le jardin.*)

Mlle *BOURRAT, après un temps*. — Ah ! voilà Célestin ! Que fait-il? Il va travailler à la corbeille. Quel bonheur!... Il a les bras nus aujourd'hui parce qu'il commence à faire chaud sans doute. (*Elle se passe la main sur le front.*) La tête me tourne. Est-ce bête ! J'ai comme un vertige. Tiens, il vient par ici. Il veut peut-être

parler à maman. (*Elle se lève, recule, elle est nerveuse, fait quelques pas, puis s'arrête. On frappe
à la porte-fenêtre, elle a un sursaut.*) Entrez.

*Entre Célestin, beau garçon aux bras nus et bru-
nis, en gilet et la chemise entr'ouverte du
haut. Dès que Célestin est là, la contenance
de M*lle *Bourrat change. Ses yeux brillent.
Tout en étant gênée, elle est comme portée à
se rapprocher inconsciemment du jardinier.*

CÉLESTIN. — Pardon, excuse, je croyais
que notre maîtresse était là et je voulais lui dire
rapport au fumier.

Mlle *BOURRAT, gênée*. — Maman est à la
lingerie. Elle va venir tout de suite.

CÉLESTIN. — Je vas l'attendre dans le vestibule.

Mlle *BOURRAT*. — Oh ! vous pouvez l'attendre ici.

Un silence, Mlle *Bourrat se rapproche un peu de
Célestin qui est au centre. Elle regarde fixement les bras nus du jardinier.*

CÉLESTIN, gêné. — Fait un beau temps,
mam'zelle, pour se promener.

Mlle *BOURRAT*. — Oh ! oui !

Un silence.

CÉLESTIN. — Ce n'est pas pour dire, il
nous faudrait de l'eau. (*Un silence.*) Et puis, il
y a ces sacrés vers blancs qui me donnent du
tintouin. Sale année, va !

Un silence.

Mlle *BOURRAT, faisant un pas.* — Vous avez les bras nus.

CÉLESTIN, étonné. — Pardine, pour travailler.

Mlle *BOURRAT, s'avançant un peu.* — Ils sont tout mangés par le soleil. Ça ne vous brûle pas? Je pourrais vous donner de la poudre.

CÉLESTIN, riant. — De la poudre. Ah ! Ah ! pourquoi faire?...

Un silence.

Mlle *BOURRAT, plus près.* — On ne dirait pas qu'ils sont en chair tant ils sont bruns.

CÉLESTIN, reculant un peu. — C'est solide, c'est tout muscle.

Mlle *BOURRAT, avançant.* — C'est curieux ! Ça fait des bosses et des trous... Mes bras ne sont pas comme ça. (*Elle le regarde fixement. Célestin, gêné, se balance sur l'une et l'autre jambe.*) Les vôtres, c'est comme des montagnes, tandis que les miens sont tout blancs et lisses. Regardez. (*Elle tend son bras qui est nu jusqu'au coude vers Célestin ; elle est tout près de lui.*)

CÉLESTIN, ricanant. — Ce n'est pas pour dire... (*Il regarde, puis tourne la tête de l'autre côté. M*^{lle} *Bourrat laisse retomber son bras. Elle regarde les bras nus du jardinier comme hypnotisée. Célestin ne sait quelle contenance garder. Elle respire deux fois fortement. Célestin tourne la tête vers elle et la regarde hardiment. Elle soutient d'abord son regard, puis détourne lentement la tête.*)

CÉLESTIN, s'écartant brusquement et à lui-

même. — Nom de Dieu ! (*Haut*). Je reviendrai voir madame plus tard.

Il sort par la porte-fenêtre.

Mlle *BOURRAT, faisant quelques pas avec peine.* — Qu'est-ce que j'ai?... (*Elle se laisse tomber dans un fauteuil.*) Je suis toute étourdie... Je crois que je vais m'évanouir.

Elle se passe la main sur les yeux et reste moitié étendue, le regard vague.

.RIDEAU

ACTE II

Même décor

Mlle *BOURRAT, entrant par le fond.* — Ah !
je ne me sens pas bien. J'ai peur d'avoir un
malaise pendant ma leçon. Comme c'est ennuyeux que M. Allemand vienne après déjeuner
aujourd'hui ! Je vais prendre un canard, ça
me fera peut-être du bien. (*Elle va à la table sur
laquelle il y a le plateau avec une tasse de café.*)

M. et Mme *Bourrat entrent par la droite. La
porte reste entre-bâillée.*

Mme *BOURRAT, à la fenêtre.* — Ferme la
porte, Ferdinand.

M. BOURRAT. — Oui, ma bonne. (*Il essaie
de la fermer sans y réussir.*) C'est impossible,
elle ne ferme plus, il faudra la faire arranger.

Mlle *BOURRAT.* — Papa, veux-tu me donner
un canard dans ton café?

M. BOURRAT. — Prends-le, fifille. (*Il
s'essuie le front.*) Il fait une chaleur pour septembre ! Dans huit jours, nous vendangeons.
(*S'asseyant dans un fauteuil, et à sa fille.*) Tu pourras inviter ta cousine. Dis donc, fifille, tu as

bien déjeuné? Je te surveillais du coin de l'œil.
Quel appétit !

Mme *BOURRAT, sans lever les yeux de son
ouvrage.* — Elle mange beaucoup trop.

M. BOURRAT. — En tout cas, ce que tu
manges n'est pas perdu. Tu as engraissé, tu
deviens énorme. Au printemps dernier, tu n'allais
pas du tout, tu étais pâle, tu ne mangeais pas.
Tu t'es bien rattrapée depuis.

Mlle *BOURRAT, gênée.* — Oui, papa. (*Elle
fait quelques pas vers la porte de droite.*) Je vais
au jardin, un moment. Vous permettez, maman?

Mme *BOURRAT.* — Oui, mais à la condition
que tu ne sois pas en retard pour la leçon de
M. Allemand. Il sera là à deux heures, ne l'oublie
pas et reste près de la maison.

Mlle *BOURRAT.* — Bien, maman. (*Elle sort
à droite.*)

Mme *BOURRAT.* — J'ai hâte de voir arriver
le facteur. J'attends toujours la réponse de ma
cousine Lebret, de Magny. Il me tarde d'être
fixée. Crois-tu que l'affaire s'arrangera?

M. BOURRAT. — Je ne sais pas, ma bonne,
je n'y ai pas réfléchi.

Mme *Bourrat hausse les épaules et reprend son
ouvrage.*

M. BOURRAT. — Tu sais ce que j'ai appris
au marché, ce matin? Il paraît que M. Allemand fait un arbre généalogique de la famille
Duret.

Mme *BOURRAT.* — C'est trop fort. Si vous
saviez vous y prendre, ton frère Charles et toi

c'est un arbre généalogique de la maison Bourrat qu'il dresserait, au lieu de s'occuper de cette intrigante de Mme Duret.

M. BOURRAT. — On a toujours dit que les Bourrat étaient connus à Vallcyres avant les Duret.

Mme BOURRAT. — C'est évident. Mais vous ne bougez pas. Qui dit Bourrat, dit gens mous, gras et sans énergie. Regarde-toi, et ton frère Charles, et sa femme, ta cousine. Vous n'êtes pas comme les miens, comme les Maigret. En voilà des gens qui savent ce qu'ils veulent. Vois mon cousin, le docteur Maigret: c'est un homme. Du reste, nous sommes tous comme ça dans la famille.

On frappe à la porte de droite. Entre Louisa.

LOUISA. — Voilà une lettre pour madame. (*Elle la remet et sort.*)

Mme BOURRAT. — Enfin, c'est de Magny. Nous allons savoir la réponse de M. des Aulnoys. (*Elle lit.*) Ah !

M. BOURRAT. — Eh bien?

Mme BOURRAT, triomphante. — Ça marchera. Il y a des difficultés, mais légères. Il faudra que nous fassions un sacrifice. Il demande, en outre de la ferme de Vertbois, une rente de trois mille francs en argent.

M. BOURRAT. — Trois mille francs en argent, c'est beaucoup.

Mme BOURRAT. — Sans doute, c'est beaucoup, mais je ne pense pas que tu hésites une minute.

M. BOURRAT, timidement. — Y tiens-tu tant que ça, à ce mariage?

Mme BOURRAT. — Si j'y tiens? Mais tu es fou. Des Aulnoys a vingt-cinq mille francs de rentes en terres, et il est d'une des meilleures familles du pays. Mais tous nos amis de Valleyres en crèveront de dépit. Vois-tu ce que va dire cette pauvre Mme Duret avec ses trois filles sur les bras?

M. BOURRAT. — Sans doute, sans doute. Mais il a quarante-cinq ans, il est un peu ours, il ne voit personne.

Mme BOURRAT. — J'aime beaucoup mieux marier ma fille, qui n'a point de caractère, à un homme de caractère fait.

M. BOURRAT. — Et puis, il habite si loin d'ici. On ne verra jamais fifille.

Mme BOURRAT. — C'est ça, l'argument égoïste, je l'attendais. C'est pour toi que tu veux marier ta fille, ce n'est pas pour elle. C'est vraiment désolant d'entendre des choses pareilles.

M. BOURRAT. — Mais non. Seulement, est-ce qu'on ne disait pas aussi... qu'il buvait un peu?

Mme BOURRAT, impatiente. — Qu'est-ce qu'on ne dit pas? C'est facile de parler. Est-ce que tu crois comme un enfant tout ce qu'on raconte? Moi, je n'en crois pas un mot. Du reste, est-ce que tu as mieux à me proposer? Une des meilleures familles du pays et vingt-cinq mille francs de rente en terres? As-tu mieux que cela? Dis-le. J'attends !

M. BOURRAT. — Mais es-tu sûre que fifille voudra?

Mme *BOURRAT.* — Il ferait beau voir qu'elle ne voulût pas ! Elle est trop heureuse d'avoir une mère comme moi qui s'occupe d'elle activement et avec intelligence. Regarde autour de nous. Combien y en a-t-il de jeunes filles à Valleyres dans notre monde qui vont rester vieilles filles ! Un parti inespéré. Vingt-cinq mille francs de rente. C'est bien le moment d'aller chercher la petite bête. Je vais écrire aujourd'hui même à ma cousine Lebret pour les trois mille francs.

LOUISA. entr'ouvrant la porte de droite. — Voici M. Allemand.

Entre M. Allemand. Il est grand, fort, et maladroit, cheveux trop longs, lunettes, habits mal coupés. Il parle avec une légère onction tenant les yeux baissés. Il a des cahiers de musique sur le bras.

M. ALLEMAND, s'inclinant. — Monsieur, madame.

Mme *Bourrat fait un léger signe de tête de sa place sans desserrer les lèvres.*

M. BOURRAT, se levant. — Bonjour, monsieur Allemand.

Mme *BOURRAT, se levant.* — Je vais appeler ma fille qui est au jardin. (*Elle sort au fond.*)

M. BOURRAT. — Vous avez dû avoir chaud en montant à Prévoux.

M. ALLEMAND. — Oui, j'ai eu très chaud, monsieur. Mais il fait frais ici. Et quelle vue vous avez de vos fenêtres ! C'est la plus belle vue des environs de Valleyres, monsieur.

M. BOURRAT. — N'est-ce pas? — Et vous avez travaillé ces jours-ci, monsieur Allemand?

M. ALLEMAND. — Un peu, monsieur. La bibliothèque de Valleyres est fort riche en documents et j'espère contribuer pour ma faible part à éclaircir l'histoire des origines des grandes familles de la ville.

M. BOURRAT. — Mon frère Charles, que j'ai vu ce matin au marché, me disait que c'était une œuvre d'une portée considérable et qui méritait une communication à la Société d'histoire et de belles-lettres du département. Ce sont ses propres paroles que je vous rapporte.

M. ALLEMAND. — M. Charles Bourrat est trop bon. Il est, du reste, lui-même une autorité en matière généalogique.

Un silence.

M. BOURRAT. — Vous avez su que Mlle Le Petit a accouché?

M. ALLEMAND. — M. le curé me l'a appris hier matin. Quel scandale !

M. BOURRAT. — M. Duret me disait au marché que Mlle Le Petit déshonore la ville.

M. ALLEMAND. — Oh ! monsieur, l'honneur de Valleyres ne saurait être atteint par l'inconduite de Mlle Le Petit. Ce sont les grandes et anciennes familles de la ville, comme la vôtre, qui sont vraiment dépositaires de l'honneur de la cité.

Entrent, par le jardin, Mme et Mlle Bourrat.
M. Allemand s'incline devant Mlle Bourrat, qui salue de la tête.

M. BOURRAT. — Je vous laisse travailler. Je vais faire une petite sieste. Au revoir, monsieur Allemand.

M. ALLEMAND, s'inclinant. — Monsieur...

M. Bourrat sort par la porte à droite. La porte bat, il essaie de la fermer ; elle reste entrebâillée. Mlle Bourrat passe au petit salon et vient au premier plan pour aller au casier à musique. Elle est pâle. Elle s'essuie le front avec son mouchoir.

Mlle BOURRAT, à part. — J'ai peur de me trouver mal.

Elle s'assied au piano. M. Allemand se met à sa gauche. Mme Bourrat est assise au premier plan à gauche de la fenêtre.

M. ALLEMAND. — Nous commencerons par les études de Czerny, mademoiselle, s'il vous plaît.

Mlle BOURRAT. — Bien, monsieur.

Elle se lève, va au casier à musique qui est au premier plan. Elle est obligée de se baisser pour chercher le cahier et d'en soulever plusieurs autres. Soudain, elle se relève rapidement en poussant un ah ! douloureux.

Mlle BOURRAT, à part.— J'en étais sûre. Je vais avoir un malaise. (*Elle s'essuie à nouveau le front.*)

Mme BOURRAT, sans la regarder. — Allons, dépêchons-nous. Ne perdons pas de temps.

Mlle BOURRAT, revenant au piano, les lèvres serrées. — Voilà, maman.

M. ALLEMAND. — Prenons le premier mouvement, mademoiselle, « vivace ».

Mlle Bourrat commence à jouer mollement.

M. ALLEMAND. — Veuillez accentuer, mademoiselle, veuillez accentuer.

Mlle Bourrat continue ; soudain, elle s'arrête et porte son mouchoir à ses lèvres.

Mlle BOURRAT, avec difficulté. — Je vous demande pardon.

M. ALLEMAND. — Reprenez, mademoiselle, avec expression.

Mlle Bourrat reprend et fait quelques fautes.

M. ALLEMAND. — *Si* naturel, *si* naturel, mademoiselle.

Mlle Bourrat recommence le passage, s'arrête encore, hésite un instant, puis se lève.

Mme BOURRAT, la regardant. — Qu'y a-t-il donc?

M. Allemand se lève.

Mlle BOURRAT, près de la porte à droite. — Je vous demande pardon... je suis souffrante... je reviens.

Elle sort à droite et s'assied au salon sur le canapé, où elle s'essuie le front. Elle sort un instant de la pièce, puis rentre. Un long silence pendant lequel M. Allemand se rapproche peu à peu de la fenêtre où Mme Bourrat travaille.

M. ALLEMAND. — Quel beau temps, madame !

Mme *BOURRAT', étonnée, lève les yeux et le toise, puis, après un temps, sèchement.* — Très beau, monsieur. (*Elle se remet à travailler. Un silence.*)

M. ALLEMAND. — Vous avez, de vos fenêtres, la plus belle vue des environs de Valleyres, madame.

Mme *BOURRAT, même jeu.* — En effet, monsieur.

Nouveau silence. Rentre Mlle *Bourrat par la droite. Elle est très pâle.*

Mme *BOURRAT.* — Dépêche-toi. Tu as perdu cinq minutes de ta leçon.

Mlle *Bourrat et M. Allemand se mettent au piano.*

M. ALLEMAND. — Nous reprenons, si vous le voulez bien, mademoiselle?

Mlle *Bourrat reprend. Elle joue plus mollement, hésite une ou deux fois, puis s'arrête soudain, s'essuie les tempes avec son mouchoir et murmure :*

C'est horrible.

Elle s'appuie le front sur la main, le coude sur le piano et balbutie :

Je ne peux pas, je ne peux pas, j'ai mal.

Mme *BOURRAT, venant brusquement à elle.* — Ah çà ! n'est-ce pas fini, ces enfantillages?

Mlle *BOURRAT, se levant.* — Je ne peux pas,

j'ai des sueurs froides... je suis malade. (*Elle fait quelques pas, se passe encore la main sur le front et se laisse tomber à moitié évanouie dans un fauteuil au premier plan, près du bureau de sa mère.*)

M*me* *BOURRAT, allant à la porte du fond et l'ouvrant à M. Allemand.* —Entrez ici un instant, monsieur, l'indisposition de ma fille ne durera pas, un simple trouble de la digestion.

M. Allemand passe dans le salon.

M*me* *BOURRAT, prend sur le plateau le carafon de cognac, en verse quelques gouttes sur un morceau de sucre, revient et le donne à sa fille.*

Prends cela, cela te remettra. (*M*lle* Bourrat avale le morceau de sucre.*) Eh bien, comment te sens-tu? Ne te laisse pas aller, lève-toi, ça te fera du bien.

M*lle* *BOURRAT, affaissée.* — Je ne peux pas, maman... je n'ai plus de jambes.

M*me* *BOURRAT.* — Essaie au moins.

M*lle* *BOURRAT.* — Je veux bien, maman. (*Elle se lève avec difficulté, mais à peine debout les jambes lui manquent, elle retombe dans le fauteuil.*)

M*me* *BOURRAT.* — Tu n'as pas pour un sou d'énergie. Elles vont bien les jeunes filles de nos jours. Elles se paient des vapeurs ; il faut qu'on les soigne, qu'on les dorlote. Tu es là molle et sans volonté.

M*lle* *BOURRAT.* — Je suis fâchée, maman.

M*me* *BOURRAT.* — Et tu choisis ton temps. Au milieu de ta leçon de piano! On dirait que tu le fais exprès. Voilà trois francs de perdus, car, tu verras que M. Allemand aura le toupet de compter cette leçon. Tu es bien sûre que tu ne peux pas la prendre ? Essaie encore ; allons, du courage.

Mlle *BOURRAT*. — Je ne peux pas, maman, je suis malade.

Mme *BOURRAT, prenant la musique de M. Allemand.* — Il ne me reste qu'à renvoyer cet imbécile.

Elle va au salon et à M. Allemand :

Ma fille est un peu souffrante. Elle a senti le soleil après déjeuner ; elle ne pourra continuer sa leçon aujourd'hui. Au revoir, monsieur, à mercredi prochain. (*Sort M. Allemand.*)

Elle rentre et vient à sa fille.

Eh bien, cela va-t-il mieux?

Mlle *BOURRAT*. — Oh ! oui, maman, seulement, je suis bien fatiguée.

Mme *BOURRAT, retournant à son ouvrage, dans l'embrasure de la fenêtre.* — Tu vas pouvoir paresser à ton aise. (*Elle travaille.*) Veux-tu me dire exactement que ce tu as eu?

Mlle *BOURRAT*. — Je ne sais pas... Un malaise.

M. Allemand reparaît dans le salon où il a oublié sa musique et reste un instant à écouter.

Mme *BOURRAT, travaillant.* — Un malaise ! Parbleu, je le pense bien et ça ne m'avance pas beaucoup. Quel malaise as-tu eu?

Mlle *BOURRAT*. — J'ai eu... des vomissements.

Mme *BOURRAT, travaillant.* — Des vomissements ! Cela ne m'étonne pas. Tu as trop mangé à déjeuner. Je te l'ai dit aujourd'hui même. Eh bien, la prochaine fois, tu écouteras ce que je te dis et tu resteras sur ta faim. Ton oncle, le Dr Maigret, est positif sur ce point. Il ne faut pas sortir de table rassasié et lourd. Ça se comprend, ça fatigue l'estomac. (*Un temps.*) C'est la première fois que ça t'arrive?

Mlle *BOURRAT.* — Heu...

Mme *BOURRAT, travaillant.* — Ah çà, tu es idiote. Il semble que je te pose des questions extraordinaires. Tu sais bien si oui ou non tu as eu déjà des vomissements?

Mlle *BOURRAT.* — Oui, maman.

Mme *BOURRAT, travaillant.* — Tu en as déjà eu? C'est curieux. Et depuis quand?

Mlle *BOURRAT, hésitant.* — Je ne sais pas.

Mme *BOURRAT.* — C'est inouï ! Il faut t'arracher les réponses les plus simples. Tu as l'air d'une coupable. Ce n'est pourtant pas bien difficile de me dire depuis quand tu as ces malaises?

Mlle *BOURRAT.* — Depuis trois mois, à peu près.

Mme *BOURRAT, laissant tomber son ouvrage.* — Depuis trois mois ! Et je n'en ai rien su ! Pourquoi me l'as-tu caché?

Mlle *BOURRAT.* — Je ne sais pas, maman ; je croyais que ça passerait comme ça.

Mme *BOURRAT.* — Il est extraordinaire que tu ne me l'aies pas dit. Je ne te croyais pas cachotière à ce point. Est-ce que tu en as eu souvent des malaises de ce genre?

*M*ⁱˡᵉ *BOURRAT*. — Une fois ou deux par semaine après les repas.

*M*ᵐᵉ *BOURRAT*. — Deux fois par semaine ! Si je l'avais su, j'aurais consulté mon cousin Maigret. Il y a quelque chose de louche là-dessous ; il faut que j'en aie le cœur net.

*M*ⁱˡᵉ *BOURRAT*. — Mais non, maman, je ne voulais pas vous alarmer, voilà tout ; si l'on n'avait pas changé l'heure de la leçon de piano aujourd'hui, vous ne l'auriez pas su, parce que, voyez-vous, à part cela je vais bien, je dors toute ma nuit, j'ai bon appétit... j'engraisse.

*M*ᵐᵉ *BOURRAT*, *la regardant*. — C'est vrai, tu as engraissé, tu es plus forte qu'au printemps, je ne m'en étais pas encore rendu compte. Pourtant, avec ce dérangement d'estomac, ce n'est pas naturel. Tu devrais maigrir, au contraire. Est-ce que tu sens des brûlures à l'estomac?

*M*ⁱˡᵉ *BOURRAT*. — Oh ! non, je n'ai jamais mal, et d'ordinaire cela passe tout de suite.

*M*ᵐᵉ *BOURRAT*. — Je te mènerai chez Maigret un de ces jours. (*Elle recommence à travailler.*) C'est bizarre. Et tu n'as pas eu d'autres malaises? Rien d'anormal?

*M*ⁱˡᵉ *BOURRAT*, *hésitant*. — Heu... je ne sais pas, maman.

*M*ᵐᵉ *BOURRAT*. — Je ne sais pas ! En voilà une réponse digne de toi. Qui est-ce qui le saura alors, si tu ne le sais pas? Veux-tu me faire le plaisir de me répondre sérieusement? Oui ou non, as-tu eu d'autres malaises?

*M*ⁱˡᵉ *BOURRAT*. — Oui.

*M*ᵐᵉ *BOURRAT*. — Oui, quoi? C'est vraiment agaçant. Il faut t'arracher les mots comme avec une pince. Explique-toi, parle. Je ne suis pas sorcière pour deviner ce que tu as.

Mlle *BOURRAT, balbutiant.* — J'ai comme... (*Elle s'arrête.*)

Mme *BOURRAT.* — Ah çà ! tu te moques de moi. Je vais me fâcher si tu continues ainsi. Je ne suis pas là pour jouer aux propos interrompus. Et tâche de dire ton affaire clairement.

Mlle *BOURRAT, avec effort.* — J'ai comme un poids, là... (*Elle porte la main à son ventre.*) D'abord, j'ai cru que ça passerait. Mais non, ça augmente, ça grossit, je ne sais pas ce que c'est.

Mme *BOURRAT, se levant brusquement et venant à elle.* — Tu dis? (*S'arrêtant et sur un ton inquiet, mais qui veut être calme.*) Non, non, ce n'est pas possible, c'est absurde, je suis folle. Comme si je ne savais pas que c'est impossible ! Tu t'imagines des choses comme ça, mais ça n'a pas de sens. (*Elle la regarde attentivement.*) Pourtant, c'est vrai (*sa voix tremble*), tu es plus forte, tu as engraissé. Mais ce n'est rien, n'est-ce pas? ce n'est rien?... Voyons, parle, mais parle donc, tu vois mon inquiétude, dis-moi que ce n'est rien.

Mlle *BOURRAT, terrifiée.* — Je ne sais pas, maman, je ne sais pas ce que vous voulez dire.

Mme *BOURRAT, faisant un grand effort pour se maîtriser, et allant vivement fermer la porte qui est restée ouverte sur le salon.* — Il faut que je sois calme ; sans cela, je ne saurai rien. Ecoute, réponds-moi, depuis combien de temps t'es-tu aperçue de cela? Te souviens-tu?... Il y a peut-être un an?... peut-être moins?

Mlle *BOURRAT*. — Oh ! non ! Il n'y a pas longtemps... depuis le commencèment de juillet, peut-être.

Mme *BOURRAT*. — Ah !... et tes vomissements?

Mlle *BOURRAT*. — Au milieu de juin, je crois... mais je ne suis pas sûre.

Mme *BOURRAT, sourdement, appuyée pour se soutenir au dossier d'un fauteuil.* — Ah !... et c'est tout... (*Elle s'approche lentement de sa fille.*) Tu n'as pas remarqué autre chose? Tu n'as pas été dérangée autrement?

Mlle *BOURRAT, hésitant.* — Heu... heu...

Mme *BOURRAT, durement.* — Regarde-moi. Ce n'est pas le moment d'hésiter. (*Elle va à elle, la prend par les bras, et la fixe dans les yeux.*) Tu me comprends. Réponds.

Mlle *BOURRAT, après un temps, et à voix basse.* — Oui.

Mme *BOURRAT, avec peine.* — Depuis... depuis quand?

Mlle *BOURRAT.* — Depuis la fin de mai, maman.

Mme *BOURRAT, la secouant avec violence.* — C'est donc vrai, misérable ! qu'as-tu fait?

Mlle *BOURRAT, se protégeant la figure avec le bras.* — Je ne sais pas, maman, je ne sais pas.

Mme *BOURRAT, penchée sur elle.* — Son nom? Dis-moi son nom ! Ah ! misérable, son nom?

Mlle *BOURRAT, terrifiée.* — Je ne sais pas, maman, je ne sais pas ce que vous voulez dire.

Mme *BOURRAT, lui tordant les bras.* — Qui? Qui? Parle donc !

Mlle *BOURRAT, pleurant.* — Pardon, pardon, maman, vous me faites mal.

Mme *BOURRAT, se relevant.* — Non, c'est impossible, c'est fou. Du calme, il faut savoir. Il faut tout dire maintenant, tout. Tu n'as vu personne d'ici. Tu n'es jamais sortie seule, n'est-ce pas?

Mlle *BOURRAT.* — Non, non.

Mme *BOURRAT.* — Ni à Valleyres, ni à Vermand, chez ta cousine.

Mlle *BOURRAT.* — Non, non.

Mme *BOURRAT.* — C'est donc ici. Quel homme as-tu vu seule ici?

Mlle *Bourrat sanglote sans répondre.*

Mme *BOURRAT, la prenant par le bras.* — Ah ! assez de larmes. Il faut parler maintenant. Qui as-tu vu seule? Ton cousin Henri, le frère de Caroline?

Mlle *BOURRAT.* — Non, non, c'est...

Mme *BOURRAT.* — Mais parle donc.

Mlle *BOURRAT.* — C'est... c'est au jardin.

Mme *BOURRAT.* — Au jardin?

Mlle *BOURRAT.* — Oui... Célestin.

Mme *BOURRAT, tombant brusquement, comme fauchée, sur une chaise.* — Célestin.

Un long silence.

Mme *BOURRAT, la voix brisée.* — Depuis quand?

Mlle *BOURRAT.* — Depuis la fin de mai, maman.

Mme *BOURRAT.* — La fin de mai... Juin,

juillet, août, septembre. Plus de quatre mois !
Ainsi, toi, ma fille, une demoiselle Bourrat, toi,
avoir un enfant de Célestin ! Ah !

Mlle *BOURRAT, avec un élan qu'elle ne peut
cacher.* — C'est vrai, maman, le bon Dieu me
donne un enfant?

Mme *BOURRAT.* — Ah ! tais-toi, tais-toi !
Quand j'y pense... (*Un silence.*) Est-ce qu'il se
doute de l'état dans lequel tu es maintenant?

Mlle *BOURRAT.* — Je ne sais pas, maman, je
ne savais pas, moi-même.

Mme *BOURRAT, entre ses dents.* — Imbécile !
(*Elle se lève et s'appuie sur la table pour se soutenir.*) Va-t'en, j'ai besoin d'être seule, je ne peux
plus te voir, va-t-en. (*Mlle Bourrat se lève et va
à droite.*) Monte dans ta chambre et je te défends
d'en sortir avant que je vienne t'y chercher.

> *Mlle Bourrat sort à droite.*

Mme *BOURRAT, appuyée à la table.* — Ma
fille !... Une Bourrat... Un enfant d'un jardinier !
Ma fille... au jardin... comme une bête... Ah !...
Que devenir?...Comment la marier maintenant?...
Quatre mois !... trop tard !... Quatre mois...
Vingt-cinq mille francs de rentes en terres. Il
faut y renoncer... Un enfant ! Comment le faire
disparaître?... Ma fille... (*Elle se promène dans le
salon.*) Il faut réfléchir, tout peser... Célestin...
Un enfant !... personne ne se doute de rien...
Comment soupçonner une chose pareille, puisque
moi-même...? Que faire?

*Sans parler, elle arpente le salon ; elle a repris
son sang-froid, sa figure est dure.*

*Entre par le fond M. Bourrat. Il est souriant et
gras.*

M. BOURRAT. — Ah ! j'ai fait une bonne
sieste. (*Mme Bourrat ne fait aucune attention à
lui, elle réfléchit profondément.*) La leçon de piano
est finie? (*Pas de réponse.*) Je vais jusqu'aux
vignes. Veux-tu que je te rapporte quelques
grappes pour la table? (*Pas de réponse. Il va à
Mme Bourrat qui marche toujours.*) Ah çà ! Clémence, qu'y a-t-il? tu as l'air préoccupée.

Mme BOURRAT, *s'arrêtant.* — J'ai que ta
fille est enceinte. Voilà ce que j'ai !

M. BOURRAT. — Comment ! Tu veux rire...
mais ce n'est pas drôle, je te l'assure.

Mme BOURRAT. — C'est comme je te le dis,
ta fille est enceinte, et du jardinier, oui, de Célestin, par-dessus le marché.

M. BOURRAT. — Ce n'est pas vrai, ce n'est
pas vrai. (*Il regarde sa femme et comprend que
c'est vrai ; il porte la main à son col et chancelle.*)

Mme BOURRAT. — Tu ne vas pas te trouver
mal comme une femme, n'est-ce pas? J'ai autre
chose à faire qu'à m'occuper de toi maintenant.

*M. Bourrat va en titubant à la fenêtre qu'il ouvre.
Il reste dans l'embrasure, essoufflé. Mme Bourrat continue à arpenter la pièce. Un silence.*

M. BOURRAT. — Ma fille... Célestin... Dis-
moi tout, tout, je t'en supplie.

Mme BOURRAT, *continuant à arpenter le
salon.* — Laisse-moi réfléchir.

M. BOURRAT, *tombant dans un fauteuil, à*

mi-voix. — Je n'ai plus de jambes. Ma fille, c'est incroyable ! Un enfant, toute la ville le saura, j'en mourrai. (*Un temps.*) Ah ! oui, elle était toujours seule, la pauvre petite... Et puis, elle ne savait rien, elle était si innocente. Alors, un jour, il l'aura prise de force, et elle n'aura rien osé dire. Ah ! mais lui, lui, ce Célestin de malheur. (*Il saute debout.*) Il ne restera pas une minute de plus ici, pas une minute. (*Il va vers la porte.*)

*M*ᵐᵉ *BOURRAT.* — Où vas-tu?

M. BOURRAT. — Je vais chasser Célestin.

*M*ᵐᵉ *BOURRAT.* — Reste ici.

M. BOURRAT. — Je ne veux pas garder cette canaille une minute de plus ; je lui sauterai à la gorge. Cette fois-ci, par exemple...

*M*ᵐᵉ *BOURRAT, l'interrompant.* — C'est ça, pour que Célestin chassé aille raconter à tout Valleyres pourquoi tu l'as mis à la porte.

M. BOURRAT. — C'est vrai ! Comment faire?

*M*ᵐᵉ *BOURRAT.* — Laisse-moi faire.

Un silence, M. Bourrat est affaissé dans un fauteuil. Il se lève soudain.

M. BOURRAT. — J'ai trouvé, vous passerez l'hiver dans le Midi, sous un faux nom.

*M*ᵐᵉ *BOURRAT.* — C'est absurde. Toute la ville cherchera pourquoi nous sommes parties. Et là-bas, nous serons à la discrétion d'inconnus. Merci, je reste ici, tiens-le-toi pour dit.

M. BOURRAT. — Mais ici, tout le monde le saura, les domestiques, nos parents, nos amis. Comment pourrais-tu le cacher?

Mme BOURRAT, lentement. — Ici, je suis chez moi. Ici, je suis maîtresse. Je saurai arranger notre vie et ne rien laisser au hasard. Ta fille peut sortir encore jusqu'à la fin d'octobre. Elle n'a jamais eu une jolie taille. On ne s'apercevra de rien. Mais à partir d'octobre jusqu'à février, elle ne verra personne qu'ici et avec moi. Je ne la quitterai pas une minute.

M. BOURRAT. — Ma pauvre fille !

Mme BOURRAT. — Ah ! parbleu oui, c'est bien ta fille ! Tu ne peux la renier. Elle n'a rien de moi ; il n'y a qu'à la regarder. Elle est grasse comme les Bourrat, paresseuse comme les Bourrat, sans cervelle, toujours comme les Bourrat. Jamais une Maigret n'aurait fait ce qu'elle a fait ! Et toi qui choisis ce moment pour larmoyer sur son sort ! J'ai autre chose, et de plus important à faire, que de la plaindre. Je ne songe qu'au scandale qui nous menace tous, par sa faute. Il n'y a plus qu'une seule chose qui doive compter à nos yeux, l'honneur de la famille. Qu'importe que ta fille souffre ou ne souffre pas, maintenant ! J'aimerais mieux la voir morte que déshonorée. Elle s'ennuiera? La pauvre petite ! Tais-toi donc. Ta fille sera malade, s'il le faut, elle gardera le lit pendant trois mois si c'est nécessaire. Je ne sais pas encore ce que je ferai, mais il faut que personne au monde ne se doute de ce qui se passe ici ; j'entrevois seulement mon plan, mais je réussirai parce que je le veux, parce qu'il le faut, comprends-tu?

M. BOURRAT. — Je sais bien que toi seule peux nous tirer de là.

Mme BOURRAT. — Et quand je pense à ce mariage, pour lequel je m'étais donné tant de mal ! Le voir manquer au moment où il était arrangé ! Vingt-cinq mille francs de rente de perdus !

M. BOURRAT, timidement. — Ah ! ça, je te l'avoue, Clémence, je n'en suis pas fâché. Ça me faisait de la peine de voir fifille se marier si loin de moi.

Mme Bourrat marche sur lui avec fureur, s'arrête, le regarde en face, hausse les épaules et lui tourne dédaigneusement le dos. Un silence.

M. BOURRAT. — Tu auras besoin du docteur Maigret.

Mme BOURRAT. — Sans doute, j'aurai besoin de Maigret. Il est des nôtres, celui-là. Mais je lui en parlerai plus tard, rien ne presse... (*S'arrêtant*) à moins que... (*A elle-même*) s'il voulait... Tout de suite...

M. BOURRAT. — Que dis-tu, ma bonne?

Mme BOURRAT. — Rien. — Fais atteler, je descends à Valleyres tout de suite. (*Elle sort par le corridor. Son mari reste accablé sur sa chaise.*)

RIDEAU

ACTE III

Il y a près de la fenêtre à gauche, dans le petit salon au second plan, un métier à tapisserie assez haut, de façon qu'on voie seulement la figure de la personne qui travaille. Il fait un jour gris et pluvieux de novembre. En outre, les volets de l'unique fenêtre sont fermés à moitié pour qu'il ne pénètre que peu de lumière dans la pièce.

Au lever du rideau, Mlle Bourrat est au piano et tourne le dos à la fenêtre. A sa droite, M. Allemand ; à sa gauche, sa mère. Elle est vêtue d'une robe flottante ; elle joue.

M. ALLEMAND, *se penchant sur le cahier.* — Mademoiselle, je ne peux pas lire. Oui, *ré* dièze à la main gauche.

Mlle Bourrat se penche aussi pour lire et reprend. Mme Bourrat la surveille. Elle termine le morceau et s'arrête.

M. ALLEMAND, *tirant sa montre et la mettant au jour pour voir l'heure.* — Il est deux heures et demi passées. Nous en resterons là pour aujourd'hui, mademoiselle.

Il se lève, Mme Bourrat se lève aussi, Mlle Bourrat veut se lever. Sa mère lui met la main sur l'épaule et la force à rester assise.

M. ALLEMAND. — J'ai bien l'honneur de vous saluer, mademoiselle. (*Il s'incline et va pour sortir par le grand salon. Saluant Mme Bourrat.*) Madame...

Mme BOURRAT, le suivant au salon. — Monsieur. (*Un temps.*) Avez-vous un parapluie, monsieur Allemand? Le temps s'est gâté.

M. ALLEMAND, ne pouvant cacher son étonnement. — Oh ! madame !... Vous êtes trop bonne, en vérité. Je suis confus. Non, je n'ai pas pris de parapluie.

Mme BOURRAT, sonnant. — Je vais vous en faire donner un. Quel triste mois de novembre !

M. ALLEMAND. — Affreux, madame, vraiment.

Mme BOURRAT. — Voilà plus de quinze jours que nous n'avons pu descendre à Valleyres. Je ne sais rien de ce qui s'y passe. Nous avons été malades, ma fille et moi. Ma fille a eu de violentes migraines qui inquiètent mon cousin, le docteur Maigret, et moi, j'ai les yeux si délicats maintenant que je puis à peine supporter la lumière. Je suis obligée d'avoir les volets presque clos.

M. ALLEMAND. — C'est bien triste, madame.

Mme BOURRAT. — Nous serions descendus pour le whist de madame Duret, mais ne faut-il pas que notre cheval soit tombé boiteux... Mon mari est allé voir aujourd'hui le juif à Valleyres pour en acheter un autre, mais c'est si difficile d'acheter un cheval. Il faut prendre ses précautions.

M. ALLEMAND. — En effet, madame.

Entre Louisa.

Mme *BOURRAT*. — Louisa, vous apporterez un parapluie pour M. Allemand. (*Sort Louisa.*) Vous faites toujours des recherches historiques, monsieur Allemand?

M. ALLEMAND. — Toujours, madame.

Mme *BOURRAT*. — Nous avons ici beaucoup de documents sur la famille de mon mari, vous y trouveriez sans doute des actes très anciens.

M. ALLEMAND. — J'en suis certain, madame, et je vous avouerai que je caresse le rêve de dresser un jour, avec votre autorisation, un arbre généalogique de la famille Bourrat.

Mme *BOURRAT*. — Cela serait fort intéressant. Y a-t-il longtemps que vous n'avez vu madame Duret?

M. ALLEMAND. — J'ai eu l'honneur de passer la soirée chez elle hier, madame.

Mme *BOURRAT, étonnée.* — Vraiment?

LOUISA, entrant. — Voilà le parapluie. (*Elle le donne à M. Allemand.*)

M. ALLEMAND. — Madame, je ne sais comment vous remercier. (*Saluant.*) Madame...

Mme *BOURRAT*. — Au revoir, monsieur Allemand. (*Il sort. Elle rentre au petit salon.*)

A peine est-il sorti, Mlle *Bourrat se lève et vient à la table.*

Mme *BOURRAT, sans la regarder.* — Souviens-toi de ne jamais te lever devant monsieur Allemand, devant personne, du reste ; aujourd'hui, tu allais quitter la table avant que Louisa soit sortie de la salle à manger. Fais attention, et souviens-toi que je ne veux pas avoir à te le redire.

Mlle *BOURRAT*. — Bien, maman.

Elle va au métier de tapisserie, on la voit de profil. Un long silence.

Mlle *BOURRAT, regardant par la fenêtre et sur un ton monotone, comme à elle-même.* — Il fait un vilain temps (Mme *Bourrat reste les lèvres serrées*), il pleut, c'est triste ! (*Un temps.*) Il doit y avoir de la boue dans les allées.

Mme *BOURRAT*. — Tais-toi donc ! Il me semblait entendre une voiture. (*Elle s'absorbe à nouveau dans son ouvrage.*)

Un long silence.

Mlle *BOURRAT, à elle-même.* — Je ne sais rien, rien. Il faut pourtant savoir, je ne puis pas vivre ainsi. (*Un temps.*) Maman ! (Mme *Bourrat ne bouge pas. Plus haut.*) Maman !

Mme *BOURRAT*. — Ah çà ! qu'as-tu donc à bavarder sans cesse?

Mlle *BOURRAT, timide.* — Je voudrais vous demander quelque chose, maman.

Mme *BOURRAT*. — Je n'ai pas de temps à perdre à t'écouter.

Mlle *BOURRAT, travaillant, à demi-voix.* — J'aimerais savoir ce qu'on fera... (*Elle s'arrête.*)

Mme *BOURRAT*. — Tu dis?

Mlle *BOURRAT, se troublant.* — Qu'est-ce qu'on fera... (*Elle n'achève pas.*)

Mme *BOURRAT*. — Je te défends de parler de cela, tu le sais bien.

Mlle *BOURRAT*. — Mais nous sommes seules, maman, et je ne sais rien.

*M*ᵐᵉ *BOURRAT*. — Tu n'as rien à savoir.

*M*ˡˡᵉ *BOURRAT*, *timide*. — Pourtant...

*M*ᵐᵉ *BOURRAT*. — C'est comme ça, travaille. (*Elle reprend son ouvrage.*)

*M*ˡˡᵉ *BOURRAT*, *regarde sa mère, puis tire un mouchoir de sa poche et s'essuie les yeux en cachette. — Un silence. —* C'est long !

*La porte de droite s'ouvre, M*ᵐᵉ *Bourrat sursaute quand la porte s'ouvre.*

LOUISA. — C'est la vieille Victoire qui est là. Je la fais entrer ici?

*M*ᵐᵉ *BOURRAT*. — Ah ! c'est Victoire. Faites-la monter chez moi. J'y vais. (*Sort Louisa. M*ᵐᵉ *Bourrat, se levant et regardant sa fille.*) Eh bien, et tes laines?

*M*ˡˡᵉ *BOURRAT*. — Mes laines?

*M*ᵐᵉ *BOURRAT*. — Oui, les bouts de laine que tu dois avoir sur les genoux?

*M*ˡˡᵉ *BOURRAT*. — Mais il n'y a personne, maman, alors je ne les avais pas préparés.

*M*ᵐᵉ *BOURRAT*. — Quand tu es ici, tu dois toujours étaler vingt échantillons de laine sur tes genoux, de façon à avoir une excuse pour ne pas te lever, si, par hasard, une visite arrivait. (*Elle va pour sortir.*) Ne quitte pas la chambre avant que je revienne, j'en ai pour une demi-heure.

*M*ˡˡᵉ *BOURRAT*. — Bien, maman.

*M*ᵐᵉ *Bourrat sort.*

*M*ˡˡᵉ *BOURRAT*. — A quoi bon mettre des bouts de laine? voilà trois semaines que personne n'est monté à Prévoux. Il paraît, du reste, que je ne sortirai plus avant que tout soit terminé, à la fin de janvier. C'est long ! Puisque je suis seule un moment, je vais pouvoir travailler pour lui. (*Elle tire de sous sa jupe une étrange petite brassière de laine tricotée de toutes les couleurs.*) Il aura chaud là-dedans, le chéri. C'est qu'il vient en plein hiver, et c'est délicat, les tout petits. Que je me réjouis de le voir ! Je suis heureuse d'avoir un petit à moi. J'avais tant prié le bon Dieu pour cela. Et je ne pourrai le voir qu'en cachette, le pauvre petit, mais je le verrai souvent, je ferai n'importe quoi pour cela, je saurai bien m'arranger. Oh ! que je vais l'embrasser, le dorloter, le câliner, le chérubin ! (*Elle travaille, quelqu'un passe devant la fenêtre.*) Ah ! le père Raffet. Comme il se traîne ! Il a au moins soixante-dix ans. C'est lui qui a remplacé Célestin !

Entre M. Bourrat par la droite, Mlle Bourrat remet vite la brassière sous sa jupe.

M. BOURRAT. — Tiens, ta mère n'est pas là ?

Mlle BOURRAT. — Maman est dans sa chambre avec Victoire. D'habitude on reçoit Victoire ici, mais maintenant je ne dois plus voir personne.

M. BOURRAT, *inquiet et regardant la porte.* — Il fait mauvais temps. Je suis fatigué. Je suis revenu de Valleyres à pied.

Mlle BOURRAT. — Pourquoi ne vous asseyez-vous pas, papa ?

M. BOURRAT, *inquiet.* — Euh !... je n'ai guère le temps.

Mlle *BOURRAT.* — Je suis seule.

M. BOURRAT. — Je vois, je vois. Ta mère en aura pour un moment avec Victoire, c'est vrai.

Mlle *BOURRAT.* — Oui, pour une demi-heure. Elle me l'a dit. Pourquoi garde-t-elle Victoire si longtemps?

M. BOURRAT, vivement. — Oh ! moi, je ne sais pas ; il n'y a pas de raison, en effet. (*S'asseyant.*) Je n'ai plus de jambes, fifille, je vieillis.

Mlle *BOURRAT.* — Mon pauvre papa ! Et vous êtes revenu à pied de Valleyres?

M. BOURRAT. — Il faut bien, puisque nous nous sommes défaits de notre vieux César.

Mlle *BOURRAT.* — Il était vieux, mais il allait encore bien, je n'avais pas remarqué qu'il fût boiteux. Pourquoi l'a-t-on vendu?

M. BOURRAT. — C'est ta mère qui l'a voulu. Elle est très intelligente, ta mère.

Mlle *BOURRAT.* — Mais je croyais que vous alliez en acheter un autre aujourd'hui, papa?

M. BOURRAT. — Oh ! non ! plus tard seulement, au commencement de l'année. Ta mère ne te l'a pas expliqué?

Mlle *BOURRAT.* — Maman ne m'explique rien, je ne sais rien, elle ne me parle pas.

M. BOURRAT, avec un mouvement vers sa fille. — Ma pauvre... (*Il s'arrête court et regarde la porte. Pendant toute la scène, il est inquiet ainsi et se tourne fréquemment vers la porte.*) Vois-tu, fifille, ta mère sait mieux que nous ce qu'il faut faire; elle sait toujours ce qu'il faut faire : il faut avoir de la patience. Ce sera bientôt fini.

Mlle *BOURRAT*. — Oui, ça, je le sais.

M. Bourrat se lève et se dirige vers la porte.

Mlle *BOURRAT*. — Vous vous en allez déjà, papa?

M. BOURRAT. — Je vais me changer.

Mlle *BOURRAT*. — Restez un peu. C'est la première fois que je vous vois seul depuis...

M. BOURRAT. — Est-ce vrai?

Mlle *BOURRAT*. — Oui, papa.

M. BOURRAT. — Les choses ne s'arrangent pas pour ça. Et puis, tu es toujours avec ta mère.

Mlle *BOURRAT*. — Elle me garde.

M. Bourrat, s'assied sur le bord d'une chaise, faisant toujours attention à la porte.

Mlle *BOURRAT*. — Papa, j'aimerais vous demander quelque chose?

M. BOURRAT. — Demande, fifille ; si je peux te répondre, je te répondrai.

Mlle *BOURRAT, bas.* — C'est que je n'ose pas.

M. BOURRAT. — Alors ! (*Un silence.*)

Mlle *BOURRAT, avec émotion.* — J'aimerais tant savoir, mais je n'ose pas...

M. BOURRAT, ému. — Voyons, fifille.

Mlle *BOURRAT, pouvant à peine parler.* — Je voudrais savoir... si je... le verrai souvent.

M. BOURRAT. — Qui?

Mlle *BOURRAT*. — Le... le petit.

M. BOURRAT. — Ah ! (*Un silence.*)

Mlle *BOURRAT*. — Répondez-moi, papa.

M. BOURRAT, nerveusement. — Je ne sais pas, fifille, je ne sais rien, moi, tu comprends, rien de rien, c'est ta mère qui arrange tout, qui sait tout.

Mlle *BOURRAT*. — Mais vous savez aussi, elle vous l'a dit à vous.

M. BOURRAT, *avec hâte*. — Non, non, elle ne m'a rien dit, je ne sais rien.

Mlle *BOURRAT*, *allant à son père et presque à genoux devant lui*. — Papa, je vous en prie, dites-le-moi. Je ne peux pas vivre ainsi, je ne sais rien. Dites-moi que je le verrai souvent. J'aime tant les petits enfants. Et puis, ce sera le mien. J'y pense toute la journée, je ne pense qu'à cela. Il faut que je sache. Dites-moi.

M. BOURRAT, *très agité, se levant*. — Je t'en prie, fifille, calme-toi, il ne faut pas que je reste, ici, avec toi. Je ne sais rien, je ne sais rien, et ta mère pourrait descendre. Elle n'aimerait pas que nous soyons là ensemble. Adieu, fifille, adieu, prends patience. Cela ne durera pas. Tu seras heureuse plus tard. Adieu, fifille. (*Il sort vivement par la porte du fond.*)

Mlle *BOURRAT*. — Je ne saurai rien. Pauvre papa, il m'aime malgré tout, lui, je le sens bien. Mais il a peur. Moi aussi, j'ai peur. Pourtant il faut que je sache. Il faut que j'aie du courage. (*Regardant la pendule.*) Quatre heures moins le quart ! (*Entre M*^{me} *Bourrat qui arrive par le corridor à droite.*) Je le lui demanderai avant que quatre heures sonnent.

Mme *BOURRAT*, *allant reprendre sa place*. — Tu n'as vu personne?

Mlle *BOURRAT*. — Non, maman, sauf papa qui est rentré.

Mme *BOURRAT*. — Ah ! et il est resté long-temps?

Mlle *BOURRAT*. — Il n'a fait que passer.

Un long silence.

Mlle *BOURRAT, regardant la pendule, à elle-même.* — Quatre heures moins dix, le temps me dure. Je vais jouer un peu de piano pour me donner du courage. (*Haut.*) Maman. (*Pas de réponse. Plus haut.*) Maman !

Mme *BOURRAT, sans lever les yeux de son ouvrage.* — Qu'y a-t-il encore?

Mlle *BOURRAT.* — Est-ce que je puis jouer du piano, maman?

Mme *BOURRAT.* — Oui, maintenant nous n'aurons personne cet après-midi.

Mlle *BOURRAT, allant au piano, à elle-même.* — Je jouerai pendant cinq minutes, et puis je le lui demanderai.

Elle joue un air de Martha. *Elle a à peine joué quelques mesures que la porte de droite s'ou-vre et l'on entend la voix de Louisa.*

LOUISA. — Madame et Mademoiselle Bour-rat de Vermand.

Mme *Bourrat, en une seconde, est sur ses pieds, court à la porte, et, en passant, dit à sa fille, à mi-voix :*

Ne bouge pas, reste au piano, le dos à la lu-mière, assise.

Entrent au salon Mme *Bourrat de Vermand et Caroline.*

*M*me *BOURRAT, embrassant avec effusion sa belle-sœur dans la porte même et barrant le passage à Caroline qui veut aller à sa cousine.* — Bonjour, Marie. Bonjour, Caroline. (*Regardant à terre.*) Oh ! mais Caroline, je te prie de t'essuyer un peu mieux les pieds. On a fait le salon à fond aujourd'hui, et avec cette pluie, rien que de monter le perron, tu m'apportes de la saleté. Va jusqu'au paillasson de l'entrée.

CAROLINE. — Je vous demande pardon, ma tante. (*Elle sort, les dames passent au petit salon.*)

*M*me *BOURRAT DE VERMAND, à M*lle *Bourrat.* — Bonjour, petite.

*M*lle *BOURRAT, debout, mais sans se tourner.* — Bonjour, ma tante.

*M*me *BOURRAT, intervenant et poussant sa belle-sœur.* — Venez donc vous asseoir. (*Elle la mène au premier plan, au centre. Bas à sa fille.*) Va à ton métier, tout de suite. (*M*lle *Bourrat passe derrière et va s'asseoir à son métier, à gauche.*)

*M*me *BOURRAT, allant à gauche, bas et vite* — Tes bouts de laine?

*M*lle *BOURRAT.* — Comment, maman? (*Rentre Caroline, à droite.*)

*M*me *BOURRAT.* — Dépêche-toi, tes bouts de laine sur tes genoux, tous, vite. (*Elle va s'asseoir au milieu avec sa belle-sœur. M*lle *Bourrat commence à échantillonner des bouts de laine sur ses genoux.*)

CAROLINE, arrivant, à sa cousine. — Bonjour, grande chérie. (*Elle l'embrasse.*)

*M*me *BOURRAT DE VERMAND*. — Mais, ma chère Clémence, on entre dans un tombeau ici, c'est affreux. Comment pouvez-vous vivre dans cette obscurité? Vos yeux ne vont-ils pas mieux?

*M*me *BOURRAT*. — Hélas, non, je ne puis supporter la lumière.

*M*me *BOURRAT DE VERMAND*. — C'est affreux, que je vous plains ! Mais, on ne voit rien à vos yeux.

*M*me *BOURRAT*. — Oui, c'est intérieur.

*M*me *BOURRAT DE VERMAND*. — Votre cousin Maigret, m'a expliqué, en effet, ce que c'était, mais ça ne durera pas, paraît-il.

*M*me *BOURRAT*. — Non, ça ne durera pas, le docteur me l'a promis. Mais c'est long, il faut de la patience.

*M*me *BOURRAT DE VERMAND*. — Et votre chère fille, elle ne va pas non plus?

*M*me *BOURRAT*. — Elle a des migraines ter- tibles. Elle travaille trop, elle n'écoute rien. Elle va se rendre malade, sûrement, si elle conti- nue.

*M*me *BOURRAT DE VERMAND*. — Il faut absolument qu'elle sorte, qu'elle prenne des distractions.

*M*me *BOURRAT*. — C'est ce que je ne cesse de lui dire. Mais, vous savez, elle a une tête! Elle est obstinée.

*M*me *BOURRAT DE VERMAND*. — Je n'aurais pas cru.

*M*me *BOURRAT*. — Vous ne la connaissez pas, je ne puis en faire façon.

Mme *BOURRAT DE VERMAND.* — C'est affreux, mais ça passera aussi.

Mme *BOURRAT.* — Je l'espère bien.

Mme *BOURRAT DE VERMAND, élargissant le cercle, en reculant son fauteuil de façon à voir M*^{lle} *Bourrat à son métier.* — Nous ne restons ici qu'une minute. Nous étions venu voir si vous vouliez nous donner votre fille pour aller dire bonjour aux Lanterie, de Vezins. Il est déjà tard.

CAROLINE. — Oh! oui, ma tante, il faut qu'elle vienne.

Mme *BOURRAT.* — C'est impossible, je le regrette beaucoup ; mais il est probable que le docteur Maigret passera ce soir. Il vient assez souvent pour les migraines de ma fille.

CAROLINE. — Oh! que c'est dommage !

Mme *BOURRAT, à mi-voix à sa belle-sœur.* — Ces migraines m'inquiètent.

Mme *BOURRAT DE VERMAND.* — Quand j'en ai eu, j'ai pris une tisane que m'a faite la mère Pidoux, vous savez, la vieille paysanne de Vermand. C'est souverain. Il faudra que je lui demande la recette.

CAROLINE, à sa cousine. — Alors ça ne va pas, ma grande?

Mlle *BOURRAT, sans réfléchir.* — Mais si, ça va très bien.

CAROLINE. — Pourtant, ces migraines?

Mlle *BOURRAT.* — Ah oui ! j'oubliais, je ne faisais pas attention à ce que je disais. J'ai ces migraines ! (*Comme récitant une leçon.*) Elles sont terribles. Quand je les ai, je suis obligée de rester couchée dans l'obscurité. C'est le docteur Maigret qui a ordonné ce traitement. Il paraît qu'on ne peut les soigner que par le repos et l'obscurité.

CAROLINE. — Ma pauvre, que je te plains ! (*Elle se lève et l'embrasse affectueusement. Toujours debout devant elle.*) C'est que ça ne se voit pas. Tu as très bonne mine.

*M*ˡˡᵉ *BOURRAT, gênée.* — En effet.

CAROLINE. — Pauvre rat ! Ce que tu dois t'ennuyer ! (*Un temps. Silence des deux dames au premier plan. Caroline passe affectueusement le bras autour de la taille de M*ˡˡᵉ *Bourrat et l'embrasse encore. Haut.*) Mais c'est que tu as engraissé. Tu es énorme, sais-tu bien? (*M*ᵐᵉ *Bourrat tressaille. M*ˡˡᵉ *Bourrat, très gênée, se dégage de l'étreinte de sa cousine. Un silence consterné.*)

*M*ˡˡᵉ *BOURRAT, balbutiant.* — J'engraisse.. à la campagne...

*M*ᵐᵉ *BOURRAT DE VERMAND, la regardant.* — C'est vrai, elle est très forte.

*M*ᵐᵉ *BOURRAT, vivement.* — Parbleu, c'est une Bourrat. Vous ne pouvez pas la renier. Elle sera grasse comme tous les Bourrat. Tous les Bourrat sont gras. Votre mari doit peser au-dessus de deux cents livres.

*M*ᵐᵉ *BOURRAT DE VERMAND.* — Mais non, il ne pèse que cent quatre-vingts.

*M*ᵐᵉ *BOURRAT.* — Il est énorme. Et vous ne devez pas être loin de son poids.

*M*ᵐᵉ *BOURRAT DE VERMAND, piquée.* — Énorme! énorme!... Évidemment tout le monde, ne peut pas être chat maigre comme dans votre famille. Les Maigret n'ont que la peau et les os.

Mme *BOURRAT*. — J'aime mieux être maigre. C'est plus sain.

Mme *BOURRAT DE VERMAND*. — Plus sain ! je me porte aussi bien que vous, je pense. Et je n'ai pas mal aux yeux. (*Elle se relève.*) Il faut que nous partions. Voilà la nuit. Viens, Caroline. (*S'approchant de M*^{lle} *Bourrat.*) Ne travaille pas trop.

Mlle *BOURRAT*. — Au revoir, ma tante. (*Montrant les bouts de laine épars sur ses genoux.*) Vous m'excuserez de ne pas me lever.

Mme *BOURRAT DE VERMAND*. — Mais oui. Qu'est-ce que tu fais là?

Mlle *BOURRAT*. — C'est pour un fauteuil. Ça représente un chien qui tient dans sa gueule le sac de voyage de son maître. Alors, j'ai besoin de beaucoup de laines différentes.

Mme *BOURRAT DE VERMAND*. — Je comprends, c'est ravissant. Mais ne travaille pas trop, tu vas te crever les yeux. Au revoir, petite.

CAROLINE. — Au revoir, chérie. (*Elle l'embrasse.*) Soigne-toi bien. Et tâche de n'être pas malade mardi prochain, comme les deux dernières fois que tu as dû venir à Vermand. Voilà plus d'un mois qu'on ne t'y a vue.

Mlle *BOURRAT*. — Oh non ! j'espère bien. Au revoir.

Sortent à droite les trois dames.

Mlle *BOURRAT*. — Ah ! j'ai eu peur ! Il m'a semblé que mon cœur cessait de battre. Maman aussi a eu peur. Elle est devenue pâle. (*Regardant la pendule.*) Cinq heures ! C'est l'heure où maman va à la lingerie. J'ai un quart d'heure pour travailler pour le cher petit. (*Elle tire la petite brassière de sous sa robe et tricote.*) Et quand maman reviendra, je lui demanderai. (*Elle travaille avec fièvre et n'entend pas la porte du milieu au fond s'ouvrir doucement et Caroline s'approcher à pas de loup.*)

CAROLINE, *haut, tout près de Mlle Bourrat.* — Coucou !

Mlle BOURRAT, *saisie, laissant tomber son ouvrage.* — Ah ! c'est toi ! (*Elle reste paralysée par l'émotion.*)

CAROLINE. — Oui, imagine-toi, que cet imbécile de Justin, qui est à moitié sourd, n'avait pas compris ce que maman lui avait dit, et avait dételé. Alors, le temps qu'il attelle, ta mère a emmené maman à l'office pour lui donner une recette de cuisine. Moi j'ai dit que j'attendais sur le perron, et je suis venue vers toi, en me cachant... Mais, comme tu étais absorbée ! Tu travaillais si fort que tu ne m'as pas entendu entrer?

Mlle BOURRAT, *incapable de bouger, mais jetant des coups d'œil à la dérobée à la petite brassière qui est tombée entre elle et Caroline.* — En effet... en effet... je... je travaillais.

CAROLINE, *suivant les regards de sa cousine.* — Tu as laissé tomber ton ouvrage. (*Elle se baisse et le ramasse, puis l'étale.*) Au nom du ciel, qu'est-ce que c'est que cela? C'est incroyable. C'est de toutes les couleurs. Mais c'est que ça a l'air d'une petite brassière. Jamais je n'ai rien vu de si drôle ! Non, cette brassière ! (*Elle rit.*

Mlle *BOURRAT, très émue.* — Je t'en prie, Caroline, rends-la moi.

CAROLINE. — Mais qu'as-tu? Tu es toute tremblante !

Mlle *BOURRAT.* — Oh ! si maman la voyait, ce serait affreux. Donne-la moi !

CAROLINE, lui donnant la brassière. — Mais voilà, ma pauvre. Elle est donc toujours bien terrible, ta mère?

Mlle *BOURRAT, qui n'a pas repris son sang-froid.* — Il ne faut pas qu'elle sache.

CAROLINE. — Mais quoi? Explique-moi au moins, à moi.

Mlle *BOURRAT, égarée.* — T'expliquer, à toi? Je ne peux pas, je ne peux pas, ne me demande rien. Je ne sais rien, d'abord, rien.

CAROLINE. — Mais, ma chérie, tu es malade. Je le vois bien. Te voilà à trembler parce que je t'ai trouvée en train de tricoter une brassière pour un bébé. Il n'y a pas de péché à cela. Tu travailles en cachette de ta mère pour un petit que tu connais? C'est tout naturel. Je ne te vendrai pas.

Mlle *BOURRAT, essouflée.* — Oui. oui, c'est ça... Tu as deviné. C'est pour un petit... oui, pour le petit d'une paysanne près d'ici. Elle est très pauvre... et malheureuse... je la connais, et le petit naîtra en hiver. Alors, comme ça, j'ai pensé que pour ce pauvre petit qui viendra quand il fait froid, il faudrait lui faire une bonne brassière de laine.

CAROLINE. — Je te reconnais bien là. Tu es

toujours la même. Tu feras une fameuse mère de famille.

Mlle *BOURRAT.* — Oh oui, j'aimerai mes enfants !

CAROLINE. — Mais pourquoi ne l'as-tu pas faite toute blanche, ta brassière? Ce serait plus joli. Il aura l'air d'un petit arlequin, ce bébé, là-dedans. C'est un peu ridicule.

Mlle *BOURRAT, triste d'abord, puis avec chaleur.* — Tu trouves? Seulement, voilà, je n'ai pas d'argent à moi, tu sais, et je n'aurais pas pu acheter de la laine blanche à Valleyres. Et puis, maman l'aurait su. Alors, j'ai imaginé de prendre des bouts de laine dont je me sers pour ma tapisserie. Mais il a fallu que je fasse attention d'en prendre de toutes les couleurs ; sans ça, maman se serait vite aperçu qu'il manquait du blanc ou du bleu... Et ça m'a obligée aussi à attacher tous ces bouts de laines les uns aux autres ! Alors la brassière est pleine de nœuds. C'est difficile à faire et je ne puis travailler que quelques minutes par jour, quand maman a le dos tourné. Mais ça ne fait rien ; malgré qu'elle soit bariolée et pleine de nœuds, elle sera bien chaude. C'est l'important, tu comprends, parce que les tout petits, c'est délicat, mais ça ne voit pas clair. Il sera au chaud pour passer l'hiver. Il ne prendra pas froid, le petit.

CAROLINE. — Je comprends.

Mlle *BOURRAT, avec abandon.* — Il viendra à la fin de janvier, paraît-il, c'est un mauvais moment. Mais il sera bien soigné, je t'en réponds. D'abord, j'irai le voir très souvent, peut-être tous les jours, en cachette de maman, bien entendu. Ce que je m'en vais le dorloter, le câliner, le petit chéri ! J'en serai folle, tu sais. Je ne puis plus attendre qu'il vienne. C'est si long, je compte les jours, ça n'en finit pas. Si c'est un garçon, il s'appellera Robert, j'aime beaucoup ce nom ; si c'est une fille, Angélique. Mais ce sera un garçon, j'en suis sûre, tout à fait sûre, un bel amour de garçon.

CAROLINE. — Comme tu m'amuses ! On dirait qu'il est à toi.

*M*ⁱⁱᵉ *BOURRAT, rappellée à la réalité et très inquiète.* — A moi... non, non, je n'ai rien dit, rien du tout. Tu te trompes. Qu'est-ce que tu supposes?

CAROLINE. — Que tu es drôle aujourd'hui ! Tu t'excites comme ça pour rien. (*Se levant.*) Je me sauve ; sans ça, ta mère viendrait m'appeler. Au revoir, chérie, ne te fatigue pas, tu es énervée, tu m'inquiètes, il faut te reposer. Et cache bien ta petite brassière.

*M*ⁱⁱᵉ *BOURRAT*. — Sois tranquille. Adieu, Caroline, merci. (*Caroline sort par le fond.*)

*M*ⁱⁱᵉ *BOURRAT, renversée en arrière.* — Je n'en puis plus... J'ai cru un moment que j'allais tout dire. (*Elle reste accablée.*)

*Entre M*ᵐᵉ *Bourrat par la droite. Elle va à la sonnette et sonne, puis se promène de long en large, absorbée. Entre Louisa.*

*M*ᵐᵉ *BOURRAT*. — Allumez la lampe.

LOUISA. — Bien, madame. (*Elle allume une lampe qu'elle place sur la table près de la fenêtre.*

L'éclairage est donné seulement par la lampe assez haute et forte, à abat-jour.)

Mme *BOURRAT.* — Il est inutile d'allumer dans le salon.

Sort Louisa. Mlle Bourrat tire son métier près de la lampe. Mme Bourrat s'assied de l'autre côté de la table. Un long silence.

Mlle *BOURRAT, à elle-même.* — Il faut que je sache. (*Un temps. Haut.*) Maman !

Mme *BOURRAT.* — Qu'y a-t-il encore? Ne peux-tu travailler sans parler tout le temps?

Mlle *BOURRAT.* — Maman, j'aimerais savoir...

Mme *BOURRAT.* — Tu ne sauras rien du tout.

Mlle *BOURRAT, prenant son courage.* — Il faut pourtant que je sache, je vous en prie, maman : est-ce que je pourrai voir souvent mon bébé plus tard?

Mme *BOURRAT.* — Ah çà, tu es folle ! Voir ton...

Mlle *BOURRAT.* — Mais oui, maman.

Mme *BOURRAT.* — Tais-toi. Je ne comprends pas comment tu peux parler de cela. Tu n'as donc pas honte, tu es sans pudeur?

Mlle *BOURRAT.* — Je vous promets que je ne vous demanderai rien d'autre, maman, jamais. Je vous en supplie... (*Elle commence à pleurer.*)

Mme *BOURRAT.* — Pas de scènes, n'est-ce pas, je n'en veux pas.

Mlle *BOURRAT.* — Maman, maman, je vous en prie, dites-moi. Je ne sais rien, je ne peux pas vivre comme cela. J'en mourrai, je vous assure, j'en mourrai... Pourquoi ne voulez-vous pas me le dire? A toutes les minutes du jour je me demande ce que vous ferez de mon petit. Dites-moi, je vous en prie, si je pourrai le voir souvent.

Mme *BOURRAT, tranchante comme une lame de couteau.* — Après tout, j'aime mieux t'enlever tes illusions tout de suite. Mets-toi bien dans la tête que c'est la première et dernière fois que j'ouvre la bouche à ce sujet. Ne me demande pas d'autres détails, c'est inutile, tu n'en auras pas, et souviens-toi de ce que je te dis maintenant, tu ne verras jamais ton enfant, jamais !

Mlle *BOURRAT, poussant un cri sourd.* — Ah ! jamais... jamais !

Mme *BOURRAT.* — Imaginais-tu donc que j'allais te laisser jouer à la poupée avec cet enfant? Non vraiment, je me demande ce que tu as dans la tête. Ce que j'ai à faire pour sauver notre honneur est assez dangereux pour que je ne m'expose pas à des risques inutiles.

Mlle *BOURRAT, atterrée.* — Jamais ! Jamais !

Mme *BOURRAT.* — C'est comme ça.

Mlle *BOURRAT.* — C'est cruel, c'est affreux ! Oh ! ce petit !

Mme *BOURRAT.* — Ne t'en prends qu'à toi-même. Regarde où tu nous as menés, il est bien temps que tu paies un peu, toi aussi.

Mlle *BOURRAT, pleurant.* — Mais où sera-t-il? Qu'en ferez-vous du pauvre petit? Il n'est pas coupable, lui. Où le mettrez-vous? Il aura froid, c'est l'hiver. Ah ! dites-moi au moins qui le soignera?

Mme *BOURRAT.* — Non, je ne te le dirai pas. Tu sais maintenant tout ce que tu dois jamais savoir. Le reste ne te regarde pas. (*Elle passe au salon.*)

Mlle *BOURRAT, pleurant et la suivant.* — Ça ne me regarde pas ! Oh ! maman ! maman ! Comment pouvez-vous dire cela? Mon enfant !...

Mme *BOURRAT, avec colère et se montant peu à peu jusqu'à la fureur.* — Ah ça, crois-tu donc que c'est pour mon plaisir que je fais tout cela? Crois-tu donc que ça m'amuse, moi, d'être emprisonnée ici dans l'obscurité, de ne plus voir personne, de trembler comme aujourd'hui quand, par hasard, une visite nous arrive? Crois-tu donc que c'est facile d'arriver à dissimuler une chose pareille? Il s'en est fallu de rien que je ne puisse le cacher. Et comment gagnerons-nous la fin? Réussirai-je jusqu'au bout? Si je n'avais pas le docteur Maigret pour cousin, nous serions perdus ! Où serait la famille Bourrat? obligée de fuir, de vivre dans la honte ! Nous ferions le sujet de toutes les conversations haineuses de Valleyres, la joie des journaux radicaux du département entier ; notre nom honorable serait traîné dans la boue, et tout ça parce que toi, misérable, tu... (*Elle bégaie de fureur*) tu... comme une bête... Ah ! tu as eu tort de m'y faire penser. Tant pis pour toi. Oui, tu aurais dû mourir de honte, et tu as le front de réclamer, de te plaindre. Ah, tais-toi, tais-toi. (*Elle marche sur sa fille terrifiée.*) Je ne puis plus supporter de te voir, tu me fais horreur, et je suis obligée d'être là, à te garder toute la journée. J'en ai assez. A partir de demain, tu ne quitteras plus ta chambre. Tu m'entends? Je ne veux plus t'avoir près de moi. (*Se reculant et marchant dans le salon.*) Je pense que tu ne me questionneras plus, au moins. Tu as compris, maintenant ! Tu m'as mise hors de moi, avec tes questions stupides. Non, voir ton enfant ! (*Elle revient sur sa fille.*) L'enfant de Célestin ! Parbleu, tu voudrais que je l'embrasse ! Je l'étranglerais plutôt. Tais-toi, mais tais-toi donc ! (*Elle recule de nouveau, arpente le salon, reprend haleine et se calme. Par moments, on entend.*) J'étouffais !... Il fallait que ça sortît... Ça va mieux !

*Un long silence. M*ⁱˡᵉ *Bourrat pleure silencieusement, renversée sur sa chaise. On frappe à la porte.*

M*ᵐᵉ* BOURRAT, *criant.* — Attendez ! (*Bas à sa fille.*) Essuie tes yeux. Travaille. (*Elle la pousse dans le petit salon. M*ᵐᵉ *Bourrat, allant à la porte.*) Qu'y a-t-il donc encore?

LOUISA. — C'est Julie qui a besoin de Madame.

M*ᵐᵉ* BOURRAT. — C'est insupportable. Je n'ai pas une minute de tranquille. J'y vais. (*Revenant à la porte du petit salon.*) Et toi, ne bouge pas d'ici et travaille. (*Elle sort à droite.*)

M*ⁱˡᵉ* BOURRAT, *la voix brisée pendant la fin de l'acte.* — C'est fini... Jamais !... Jamais !...

Elle reste silencieuse, à réfléchir, longtemps. La porte de droite s'ouvre. Elle tressaille et se met à l'ouvrage, sans regarder qui vient.

M. BOURRAT, entrant et regardant sa fille, à lui-même. — Oh !

Mlle *BOURRAT.* — C'est vous, papa?

M. BOURRAT. — Mais oui, fifille. (*Il la regarde et se détourne pour ne pas s'attendrir. La regardant de nouveau.*) C'est long. Tu t'ennuies. Il faut avoir de la patience, fifille.

Mlle *BOURRAT.* — Merci, papa.

M. BOURRAT, combattant son émotion. — Tu seras heureuse, plus tard, tu te marieras... (*Un long silence.*) Où est ta mère?

Mlle *BOURRAT.* — Elle vient de sortir pour aller à la cuisine.

M. BOURRAT. — Tu... tu lui as parlé?

Mlle *BOURRAT.* — Oui, papa, je sais maintenant.

M. BOURRAT, ému. — Ah !

Un silence.

Mlle *BOURRAT.* — Papa, je voudrais vous demander quelque chose.

M. BOURRAT. — Tu sais, petite, moi je ne sais rien, je ne peux rien te dire. C'est ta mère...

Mlle *BOURRAT.* — Je sais, papa, mais ce que je veux vous demander, vous pouvez me le dire.

M. BOURRAT. — Tu crois?

Mlle *BOURRAT.* — Papa, on est malade quand on a un enfant?

M. BOURRAT, hésitant. — Oh !...

Mlle BOURRAT. — Ne me le cachez pas, je le sais.

M. BOURRAT. — Oui, un peu... très peu.

Mlle BOURRAT. — Pourtant, quelquefois, n'est-ce pas, on... on meurt en accouchant?

M. BOURRAT, agité. — Tu es folle, tu es folle ! Quelles idées te mets-tu en tête?

Mlle BOURRAT. — Vous vous souvenez? notre cousine Clémentine qui est morte quinze jours après avoir eu un bébé... Naturellement, je ne savais pas, moi, mais depuis j'ai réfléchi beaucoup. J'ai eu le temps, vous comprenez. Vous ne pouvez pas me dire un mensonge, je vous en prie. N'est-ce pas, cela arrive quelquefois qu'on meure en ayant un enfant?

M. BOURRAT, très ému, se levant et regardant une ou deux fois du côté de la porte. — Ça arrive, ça arrive, mais c'est très rare, ma pauvre fifille, il ne faut pas t'alarmer. Toi, tu es très robuste, très vigoureuse.

Mlle BOURRAT. — Clémentine aussi était très forte, mais elle a eu une fièvre et elle est morte.

M. BOURRAT, se rapprochant d'elle, très nerveux. — C'est un accident, tu comprends, tu seras très bien soignée. C'est Maigret qui t'accouchera. Je t'en prie, ma petite, ne te mets pas en tête des idées pareilles. Il ne faut pas avoir peur, je t'en supplie.

Mlle BOURRAT. — Je n'ai pas peur, papa.

M. BOURRAT, tout près d'elle. — Tu n'as pas peur?

Mlle *BOURRAT*, *l'attirant près d'elle. —*
J'aimerais tant mourir, papa ! (*Elle laisse tom-*
ber la tête sur l'épaule de son père et sanglote. Il
pleure aussi.)

RIDEAU

ACTE IV

*On est à la fin d'avril. Il fait beau temps et grand soleil.
Il est trois heures et demie de l'après-midi.*

*Au lever du rideau, Mme Bourrat est assise à sa
table de travail. Un instant plus tard, M. Bourrat entre par le grand salon gauche. Il s'assied
dans un fauteuil. Un silence.*

M. BOURRAT. — A quoi penses-tu, Clémence?

Mme BOURRAT. — Toujours à la même
chose.

M. BOURRAT. — Tu n'as rien trouvé?

Mme BOURRAT. — Rien encore. J'ai récrit
à ma cousine Lebret, mais naturellement, ce
Des Aulnoys s'est marié, et il n'y a aucun autre
parti à Magny.

M. BOURRAT. — Si c'était possible, j'aimerais bien que fifille se mariât à Valleyres.

Mme BOURRAT. — Tu es toujours le même !
Ta fille se mariera où elle pourra. La chose la
plus importante maintenant est qu'elle se marie.
Tu n'as pas remarqué — naturellement, tu ne
remarques rien — qu'elle recommence à être
nerveuse, à ne pas manger, comme l'an dernier

à pareille époqu e. Maigret est positif sur ce point.
Il faut la marier.

M. BOURRAT. — C'est bien difficile, malheureusement.

Mme *BOURRAT.* — Difficile, difficile, tu n'as
que ce mot-là à la bouche. Parbleu, qu'est-ce
qui est facile, je te le demande? Mais quand on
n'est pas un imbécile, on arrange les choses tout
de même. Je vous ai bien tirés de l'histoire de cet
hiver. Etait-ce facile, cela? Personne n'en a rien
su. Célestin est au diable dans son pays. Le petit
est mort le mois dernier, de dysenterie, paraît-il.
C'est une terrible maladie pour les petits enfants.
Victoire est malade depuis cet hiver et ne s'en
relèvera pas.

M. BOURRAT. — Pauvre Victoire, elle nous
a été bien dévouée.

Mme *BOURRAT.* — Il faut trouver un mari
pour ta fille. Je suis obligée de la surveiller toute
la journée et, pendant ce temps-là, qui s'occupe
de la maison ? Le ménage va à vau-l'eau. Les
domestiques dépensent de l'argent comme si ça
ne coûtait rien. Ah ! j'en ai assez de cette vie.
(*Un silence.*) Ta belle-sœur et Caroline viennent
passer l'après-midi et restent dîner. Est-ce que
tu attends encore M. Allemand aujourd'hui?

M. BOURRAT. — Oui, ma bonne, je crois.

Mme *BOURRAT.* — Eh bien, tâche de l'expé-
dier un peu vite. Il commence à m'ennuyer,
M. Allemand, il est toujours fourré ici maintenant.

M. BOURRAT. — Mais, ma bonne, c'est toi
qui as voulu qu'il fasse notre arbre généalogique?

Mme *BOURRAT.* — Sans doute, mais il traîne inutilement. Depuis six semaines, il vient presque tous les jours.

M. BOURRAT. — Il y a beaucoup de documents, et puis M. Allemand est un savant, Charles me l'a dit.

Mme *BOURRAT.* — Un savant ! Peuh ! S'il était un savant, il aurait trouvé pour ta famille des actes plus anciens que ceux qu'il a. Il ne peut pas remonter au delà de 1580 pour les Bourrat. Ça fait pitié ! Il a bien su dénicher pour Mme Duret un acte de 1568. Ah ! si c'était moi qui travaillais, ça ne traînerait pas.

M. BOURRAT. — Mais, ma bonne, s'il ne trouve pas des actes plus anciens, il ne peut pourtant pas en inventer.

Mme *BOURRAT.* — Les actes existent. S'il cherchait, il les trouverait. (*Elle passe dans le grand salon où M. Bourrat la suit.*) Mais il ne cherche pas, voilà la vérité, parce qu'il sait que cela ennuierait Mme Duret, si on montrait des actes prouvant que les Bourrat sont à Valleyres depuis plus longtemps que les Duret. Et comme M. Allemand passe les soirées du mercredi chez Mme Duret, et qu'il sait où sa crèche est bien garnie, il n'y a pas de danger qu'il aille indisposer Mme Duret contre lui. Tiens, il faut tout t'expliquer, comme à un enfant, tu ne comprends rien.

Entre Mlle *Bourrat par la droite. Elle porte une robe claire de mousseline, un peu raide. Elle a un gros nœud de velours noir dans les cheveux.*

M. BOURRAT. — Que te voilà belle, fifille !

Mlle *BOURRAT.* — J'ai mis une robe nouvelle. Tante Marie et Caroline viennent dîner.

Mme *BOURRAT, très sèche.* — Viens que je t'examine. (*M*[lle] *Bourrat va près d'elle.*) Ça ne va pas mal. (*Tapotant l'étoffe.*) Un peu trop d'ampleur sur les hanches. J'avais pourtant recommandé à la couturière. Tu as déjà les hanches assez fortes comme cela... (*Regardant la coiffure.*) Ah çà ! qu'est-ce que c'est que ce gros nœud noir dans les cheveux?

Mlle *BOURRAT, gênée.* — Je le porte toujours, maman.

Mme *BOURRAT.* — Je ne te l'ai jamais vu.

Mlle *BOURRAT.* — C'est parce que vous ne m'avez pas regardée, mais je le porte tous les jours, maman.

Mme *BOURRAT.* — Ce n'est pas une raison pour le mettre aujourd'hui avec une robe claire. Enlève-le.

Mlle *BOURRAT, émue.* — Maman, je vous en prie, permettez-moi de le garder.

Mme *BOURRAT.* — Ah çà ! pas d'histoires pour une niaiserie. Enlève-le-moi ce nœud.

Mlle *BOURRAT.* — Pourtant...

Mme *BOURRAT.* — Allons, et donne-le-moi. (*Elle prend le nœud et sort par le jardin*).

A peine est-elle sortie, Mlle *Bourrat éclate en sanglots.*

M. BOURRAT, étonné, venant à elle. — Eh bien, fifille, qu'as-tu?

*M*ᶦᶦᵉ *BOURRAT, au milieu de ses larmes. —*
J'ai de la peine, papa.

M. BOURRAT. — Mais pourquoi? je ne comprends pas.

*M*ᶦᶦᵉ *BOURRAT, pleurant. —* A cause du
ruban que maman m'a pris.

M. BOURRAT. — Mais c'est absurde, fifille,
c'est absurde, il faut être raisonnable. Tu en
mettras un autre.

*M*ᶦᶦᵉ *BOURRAT.* — Ce ne serait pas la même
chose, papa.

M. BOURRAT. — Mais pourquoi? pourquoi?

(*Il s'arrange de façon à ne pas perdre de vue la
porte-fenêtre.*)

*M*ᶦᶦᵉ *BOURRAT, faisant effort pour reprendre
son sang-froid.* — Voilà, papa, voilà... Ce nœud
de velours noir... je le portais... pour... pour le
deuil de mon petit, qui est mort, le mois dernier.

M. BOURRAT, ému. — Ah ! je comprends.

*M*ᶦᶦᵉ *BOURRAT.* — Oui, ça me faisait tellement de peine de ne pouvoir me mettre en deuil
pour mon petit, qui est mort parce qu'on l'a
enlevé à sa maman, bien sûr. Il me semblait qu'il
m'en voudrait là-haut. Alors, j'ai pensé que je
porterais ce ruban noir en souvenir de lui, toujours, que je ne le quitterais jamais. (*Elle pleure.*)

M. BOURRAT, très ému. — Ma pauvre fifille,
ma pauvre fifille...

*M*ᶦᶦᵉ *BOURRAT.* — Écoutez, papa, le bon
Dieu, qui sait tout, me pardonnera de ne pas
porter le deuil de mon enfant, n'est-ce pas? Il
lui expliquera que je n'ai pas même pu garder ce

nœud noir en souvenir de lui. (*Elle pleure.*) N'est-ce pas, papa?

M. BOURRAT, ayant peine à retenir ses larmes. — Mais oui, fifille, pour sûr.

Mlle BOURRAT. — Il en aura fait un petit ange, de cet innocent. Pauvre chéri! Dire que je ne l'ai jamais vu ! On m'avait endormie, papa. Il est venu pendant que je dormais. Je n'ai rien su de lui, je n'ai pas su si c'était un garçon ou une fille, s'il était beau, où on l'a emmené, si on l'a baptisé au moins? Pauvre petit, ça vaut mieux pour lui, mais que ça me fait de la peine ! (*Elle pleure.*)

M. BOURRAT, très ému. — Ma pauvre fille, ne pleure plus ! Il ne faut plus y penser, vois-tu, c'est trop pénible, c'est fini. (*La caressant.*) Là, c'est fini, n'est-ce pas? Il faut oublier. Tu te marieras, tu seras heureuse, aie encore un peu de patience.

Mlle BOURRAT. — Oh ! oui, j'aimerais me marier, quitter Prévoux, je ne puis plus vivre ici, papa.

M. BOURRAT. — Tu te marieras, va. Mais c'est difficile, tu comprends. Ta mère s'occupe de toi.

Mlle BOURRAT. — Oh ! je prendrai n'importe qui, pourvu que je m'en aille, pourvu, surtout, que je puisse avoir des petits enfants à moi, que je nourrisse de mon lait, que je berce dans mes bras, des petits enfants que je garderai près de moi, loin de Prévoux.

M. BOURRAT. — Ça viendra, fifille, ça viendra. Aie encore un peu de patience. (*La porte de droite s'ouvre. M. Bourrat saute sur ses pieds, inquiet.*)

LOUISA, entrant. — C'est M. le curé. Madame n'est pas là?

M*lle BOURRAT.* — Maman est allée jusqu'au potager.

M. BOURRAT, allant à la porte-fenêtre. — Pourquoi le curé monte-t-il à Prévoux? On ne le voit ici que deux fois par an ! (*A sa fille.*) Essuie-toi bien les yeux, petite. Je vais chercher ta mère.

M. Bourrat sort par la porte-fenêtre. Un instant après entre par la droite M. le curé. C'est un homme de cinquante ans, cheveux blancs, d'apparence bonhomme.

LE CURÉ. — Bonjour, ma chère enfant. Comment allez-vous maintenant? Voilà quinze jours que je ne vous ai vue.

M*lle BOURRAT.* — C'est toujours la même chose, monsieur le curé.

LE CURÉ. — Il faut avoir confiance en Dieu, ma chère enfant. Votre vie peut changer au moment où vous vous y attendez le moins, d'un jour à l'autre, plus tôt que vous ne le pensez. Il faut prier Dieu, mon enfant.

M*lle BOURRAT.* — Oh ! oui, monsieur le curé, je le prie bien souvent.

LE CURÉ, lui tapotant la joue. — Je sais, je sais, nous pouvons compter sur vous.

*Entre vivement M*me *Bourrat par la droite.*

Mme *BOURRAT, essoufflée.* — On m'a dit que vous étiez là, monsieur le curé, et j'accours.

LE CURÉ. — Votre chère fille me tenait compagnie.

Mme *BOURRAT, à sa fille.* — Tu peux te retirer, mon enfant. (*M*^{lle} *Bourrat salue le curé et sort à gauche.*)

LE CURÉ. — Je n'avais pas eu le plaisir de la voir depuis qu'elle a fait ses Pâques. (*Léger mouvement de recul de M*^{me} *Bourrat.*) Elle va mieux, beaucoup mieux, elle a eu une si triste année, la pauvre demoiselle.

Mme *BOURRAT, avec un peu de gêne.* — En effet.

LE CURÉ. — Et qu'allez-vous en faire maintenant, chère madame?

Mme *BOURRAT.* — Mais, monsieur le curé, je ne sais.

LE CURÉ. — Ne songez-vous pas à la marier? La femme chrétienne doit fonder un foyer.

Mme *BOURRAT.* — En effet, ma fille se mariera, ce n'est pas difficile pour elle.

LE CURÉ. — Hélas, chère madame, il est très difficile de se marier, et de trouver des maris qui satisfassent aux légitimes exigences d'une mère vraiment chrétienne.

Mme *BOURRAT.* — Sans doute, sans doute.

LE CURÉ. — Regardez à Valleyres. J'ai dans mes ouailles vingt-trois jeunes filles de la meilleure société à marier, dont plusieurs ont passé vingt-cinq ans. Mais de jeunes gens, je n'en ai point.

Mme *BOURRAT.* — Cela est bien vrai, mon-

sieur le curé. Il n'y a plus de jeunes gens à Valleyres.

LE CURÉ. — Il y a là de quoi inquiéter une
mère de famille prévoyante comme vous l'êtes.
Je m'intéresse beaucoup à votre fille, chère
madame. C'est une jeune personne si bonne, si
douce, si modeste, d'une foi excellente, je suis
sûr qu'elle ferait une mère de famille parfaite.

Mme BOURRAT. — Voyons, monsieur le
curé, je n'aime pas à tourner autour du pot,
comme on dit. Je vais droit à la question. Au-
riez-vous un parti pour elle?

LE CURÉ. — Mon Dieu, chère madame, un
parti, un parti n'est pas le mot, mais j'ai un mari
à vous proposer.

Mme BOURRAT. — Je vous écoute, monsieur
le curé,

LE CURÉ. — Ah ! je sais ce que vous allez
me dire. Le jeune homme auquel je pense n'a
pas un nom qui puisse s'égaler à celui des Bourrat. Il n'a pas non plus de fortune ; il n'a qu'une
modeste, une très modeste aisance ; il n'est plus
de la première jeunesse, il a trente-cinq ans, je
sais tout cela, mais enfin, c'est un mari possible
pour votre fille.

Mme BOURRAT. — Nommez-le, si vous y
êtes autorisé, toutefois.

LE CURÉ. — Mon protégé ignore ma démarche, mais je suis sûr de son assentiment.

Mme BOURRAT. — Vous piquez ma curio-
sité, monsieur le curé. Parlez.

LE CURÉ. — Vous allez vous récrier. Votre

premier mot sera non, je le sais. Mais vous réfléchirez, vous réfléchirez...

Mme *BOURRAT.* — Eh bien !

LE CURÉ. — Vous connaissez mon protégé.

Mme *BOURRAT.* — Je le connais, moi? Je
ne crois pas.

LE CURÉ. — Si, madame, vous le connaissez,
c'est M. Nicolas Allemand.

Mme *BOURRAT.* — Un professeur de piano
épouser ma fille ! Jamais, vous entendez, jamais.
Je ne sais à quoi vous pensez, monsieur le curé,
mais il ne peut en être question.

LE CURÉ. — Mon Dieu, madame, je conçois
vos sentiments. Mais permettez-moi de vous dire
deux ou trois choses qui seront peut-être de
quelque poids auprès de vous. M. Allemand est
un homme de principes sûrs. Il y a là pour le
bonheur de votre fille une garantie précieuse et
rare, hélas ! de nos jours. Enfin, M. Allemand a
quelques rentes. Oh ! peu de chose, à peu près
dix-sept cents francs. C'est peu, direz-vous, mais
enfin c'est solide. M. Allemand ne sera jamais
dans le besoin. Il est professeur de piano, c'est
vrai. Il ne le sera plus longtemps. Vous savez que
M. Maillefer, le bibliothécaire de Valleyres, est,
mourant?

Mme *BOURRAT.* — Il est mourant depuis
des années.

LE CURÉ. — J'ai malheureusement les plus
mauvaises nouvelles à vous donner de lui. Je l'ai
administré la nuit dernière, le pauvre homme. Il
est certain que M. Allemand, qui est un savant,
le remplacera. La place est de quinze cents francs.

M. Allemand n'aura plus besoin de donner des leçons de piano. Il aura une position honorable et ne sera pas en peine de se marier à Valleyres.

Mme *BOURRAT*. — Ce ne sera pas avec ma fille, en tout cas.

LE CURÉ. — Je m'intéresse beaucoup au bonheur de mademoiselle Bourrat. Je vous l'avoue, je n'aimerais pas à la voir rester vieille fille comme tant d'autres à Valleyres. Elle a un cœur si bon, si aimant... Il y a des femmes qui sont faites pour vivre seules, mais je crois que la vocation de mademoiselle Bourrat est de se marier et d'être mère de famille. C'est à cela que manifestement la destine Dieu qui nous dirige. Il ne faut pas contrarier les vues de la Providence... Il y a encore une autre raison, chère madame, M. Allemand a eu le privilège de donner des leçons de piano à votre chère fille depuis qu'elle est revenue du couvent. Il s'est attaché à elle.

Mme *BOURRAT*. — Je vous avoue, monsieur le curé, que tout cela m'intéresse fort peu.

LE CURÉ, très bonhomme, continuant. — C'est vous dire, chère madame, avec quelles alarmes il a vu, l'été dernier, la santé de votre chère fille s'altérer. (*M*^{me} *Bourrat ne peut réprimer un mouvement et son attitude change. Elle écoute avec un intérêt intense le curé qui n'a pas l'air de se rendre compte de l'importance des choses qu'il dit.*) Jusqu'en décembre, M. Allemand a donné des leçons de piano à mademoiselle Bourrat. Puis, lorsqu'il n'a pu monter à Prévoux, combien de fois ne s'est-il pas informé auprès de moi de la santé de votre fille ! J'ai été surpris des facultés vraiment extraordinaires que réveille l'amour. C'est là un domaine défendu pour nous, des terres inconnues. Vous vous souvenez de Mme de Sévigné, écrivant à sa fille souffrante : « J'ai mal à votre poitrine. » Ainsi M. Allemand a souffert les souffrances mêmes de votre chère fille ; il a vécu ces jours pénibles avec vous.

Mme BOURRAT, se levant et marchant dans le salon, à elle-même. — Ah! je comprends, je comprends.

LE CURÉ, se levant. — Je laisse cela à votre bon cœur, chère madame. M. Allemand doit monter ici cet après-midi. Vous aurez le temps de réfléchir et de vous décider. Rappelez-moi au souvenir de M. Bourrat, je vous prie. (*Il va pour sortir. Revenant sur ses pas.*) Ah ! j'allais oublier un détail, oh! sans grande importance, mais enfin qu'il faut que vous sachiez. Je ne le dis qu'à vous seule. M. Allemand est enfant naturel.

Mme BOURRAT. — C'est complet.

LE CURÉ. — Mais je sais que son père était un homme fort respectable, qui a surveillé de loin l'éducation de son enfant et lui a laissé une certaine somme en mourant. M. Allemand a été élevé par des prêtres à Lyon. Au revoir, madame.

Mme BOURRAT. — Au revoir, monsieur le curé. (*Le curé sort à droite.*)

Mme Bourrat marche trois ou quatre fois en silence à travers le salon. On voit passer M. Bourrat dans le jardin. Elle l'aperçoit, ouvre la porte-fenêtre et appelle d'une voix impérieuse.

Mme BOURRAT. — Ferdinand.

M. BOURRAT, arrivant. — Voilà, ma bonne. Qu'y a-t-il? Pourquoi le curé est-il venu?

Mme BOURRAT, passant dans le petit salon et fermant la porte. — Je suis d'une colère ! Non, c'est inimaginable. Une affaire si bien arrangée, si secrète. Tout s'écroule. Comment est-ce possible? Mais il sait, il n'en faut pas douter, il sait.

M. BOURRAT. — Quoi, ma bonne, quoi? Tu es toute agitée.

Mme BOURRAT. — Ce n'est pas sans raison. Sais-tu ce que le curé est venu faire ici? Il est venu m'apprendre que M. Allemand savait ce qui s'était passé ici cet hiver.

M. BOURRAT. — M. Allemand?

Mme BOURRAT. — Oui, M. Allemand. Comment a-t-il fait? Je n'en sais rien. Ah ! c'est vrai, ta fille a eu une fois un malaise devant lui, je me souviens, le jour où j'ai appris moi-même... Et puis, j'ai eu peut-être tort de le laisser venir ici jusqu'en décembre. Il aura peut-être deviné... Je ne me méfiais pas de lui. Il avait toujours les yeux baissés. J'aurais dû me souvenir qu'il n'y a que les gens qui tiennent les yeux baissés qui voient clair.

M. BOURRAT, après un silence. — Alors?

Mme BOURRAT, impatiente. — Alors il y a, que nous sommes à la merci de M. Allemand.

M. BOURRAT. — A la merci de M. Allemand. (*Un temps.*) Ah ! oui, je comprends.

Mme BOURRAT. — C'est le moment ! Et M. Allemand n'a pas perdu son temps. Il demande la main de ta fille.

M. BOURRAT. — La main de ma fille !

*M*ᵐᵉ *BOURRAT, en colère.* — La main de ta fille ! Ne répète pas tout le temps mes paroles, tu m'agaces. Parbleu, ce n'est pas la mienne. (*M. Bourrat reste penaud sans parler.*)

*M*ᵐᵉ *BOURRAT.* — C'est tout ce que tu trouves?

M. BOURRAT. — Je ne sais pas, moi. Et toi, qu'en penses-tu?

*M*ᵐᵉ *BOURRAT.* — Naturellement, tout retombe sur moi.

M. BOURRAT. — Tu es si intelligente. (*Il réfléchit.*) C'est ennuyeux qu'il donne des leçons de piano, parce que pour nos parents...

*M*ᵐᵉ *BOURRAT, l'interrompant.* — Il n'en donnera plus. Il succède à M. Maillefer qui ne passera pas la journée.

M. BOURRAT. — Ah ! M. Maillefer ne passera pas la journée. C'est très bien, ça, très bien.

*M*ᵐᵉ *BOURRAT.* — Tu as presque l'air content. Non, tu es extraordinaire !

M. BOURRAT. — Mon Dieu, Clémence, j'aimerais mieux que fifille se mariât à Valleyres qu'ailleurs.

*M*ᵐᵉ *BOURRAT.* — Belle raison !

LOUISA, entrant. — M. Allemand !

*M*ᵐᵉ *BOURRAT.* — Faites attendre au salon. (*Sort Louisa.*) J'ai une grande envie de mettre cette canaille à la porte de Prévoux.

M. BOURRAT. — Fais attention.

*M*ᵐᵉ *BOURRAT.* — Laisse-moi seule avec lui. (*M. Bourrat reste dans le petit salon à gauche, M*ᵐᵉ *Bourrat ouvre la porte à droite.*). Bonjour, monsieur Allemand.

M. ALLEMAND, les yeux baissés. — Madame, j'ai l'honneur de vous saluer. (*Il tient à la main quelques papiers qu'il pose sur la table du salon. Mme Bourrat ne répond que par une brève inclination de tête à son salut. Un silence, puis il reprend.*) J'ai une triste nouvelle à vous annoncer, madame. M. Maillefer, le bibliothécaire, est mort cet après-midi à deux heures. C'est une grande perte pour Valleyres. (*Mme Bourrat ne répond pas. Un silence. M. Allemand poursuit.*) D'autre part, j'ai eu la bonne fortune, car je considère cela comme une véritable bonne fortune, de mettre la main sur un acte très ancien au nom des Bourrat. (*Il attend un instant. Mme Bourrat ne bronche pas. Il continue.*) L'acte est de 1510.

Mme BOURRAT, malgré elle. — De 1510 !

M. ALLEMAND. — Je n'ai pas besoin de vous rappeler que l'acte le plus ancien au nom des Duret est de 1568 et qu'ainsi les Bourrat les battent de cinquante-huit ans.

Mme BOURRAT, marchant à travers le salon un instant, puis venant à M. Allemand. — J'ai eu la visite aujourd'hui de M. le curé.

M. ALLEMAND. — C'est un saint homme.

Mme BOURRAT. — Je ne sais pas biaiser. Il m'a parlé de vous. (*Avec de la colère dans la voix.*) Mais j'aimerais vous entendre répéter vous-même ce qu'il m'a dit. (*Elle s'assied à la table et fixe des yeux M. Allemand.*) Je vous écoute, monsieur Allemand.

M. ALLEMAND, gêné, tousse, — un temps. — Je ne sais pas ce que M. le curé a dit, mais j'approuve à l'avance chacune de ses paroles.

Mme *BOURRAT*. — Pas d'échappatoire. Parlez, monsieur Allemand, parlez vous-même.

M. ALLEMAND, avec embarras. — M. le curé vous aura dit le grand respect que j'ai pour votre famille, madame, la plus ancienne de Valleyres. Et vous avez compris quelles ont été, l'hiver dernier, mes angoisses, mes craintes. (*Un temps assez long. Il tient les yeux baissés, M*^{me} *Bourrat le regarde fixement.*) Il vous aura dit aussi ma joie à voir le rétablissement si heureux de mademoiselle votre fille, et mon vif désir, à l'avenir, d'assurer le bonheur de mademoiselle Bourrat.

Mme *BOURRAT, se levant.* — Je vous entends. (*Elle marche de long en large dans le salon, puis elle revient à M. Allemand.*) Monsieur Allemand, vous êtes un homme intelligent, par conséquent je n'ai pas besoin de vous dire que je rêvais pour ma fille un autre mari que vous. J'ai même éprouvé, lorsque j'ai entendu le curé me parler de vous, un sentiment de répulsion... Mais je suis intelligente aussi, monsieur Allemand, et lorsqu'une chose est nécessaire, quelque désagréable qu'elle soit, je l'accepte. Je vous accorde donc la main de ma fille.

M. Bourrat qui a écouté à la porte sort du petit salon par le corridor.

M. ALLEMAND. — Madame, je ne sais comment vous remercier.

Mme *BOURRAT, avec colère.* — Ne me remerciez pas, monsieur Allemand, ne me remerciez pas.

Mlle *Bourrat entre par le jardin.*

M. ALLEMAND, saluant. — Mademoiselle !

Mme BOURRAT. — Entrez au petit salon, monsieur Allemand, j'ai à parler à ma fille. Vous y trouverez les documents que mon mari a préparés. (*M. Allemand s'incline et sort à gauche.*)

Mme BOURRAT.—M. Allemand veut t'épouser !

Mlle BOURRAT. — M. Allemand !

Mme BOURRAT. — Il va sans dire qu'en d'autres circonstances j'aurais claqué la porte au nez de cet insolent personnage. Mais il se trouve que M. Allemand est au courant de ce qui s'est passé ici l'hiver dernier..

Mlle BOURRAT. — M. Allemand sait...

Mme BOURRAT. — Oui, M. Allemand sait, comme tu dis. Alors, j'ai été obligée d'accepter. Ce mariage, il est inutile de le dire, ne me satisfait pas. Je l'accepte, parce que je ne puis faire autrement. Ce qui arrive aujourd'hui est la suite de ta faute. (*Un temps.*) Il est entendu que M. Allemand ne donnera plus de leçons de piano. Il va remplacer M. Maillefer à la bibliothèque de Valleyres. (*Réfléchissant.*) Ah ! il faut que je voie ton père avant qu'il parle affaires à M. Allemand. Sais-tu où il est ?

Mlle BOURRAT. — Je ne sais pas maman.

Mme BOURRAT. — Je vais le chercher, reste ici. (*Elle sort à droite.*)

Mlle BOURRAT.—M. Allemand, m'épouser ! Et il saurait tout ! Ce n'est pas possible ; il serait trop bon. Maman se trompe.

Entre discrètement M. Allemand par la gauche.

M. ALLEMAND. — Ah ! vous êtes seule, mademoiselle. J'avais oublié quelques papiers sur la table. (*Il s'avance et prend le rouleau de papier sur la table. Mlle Bourrat, très gênée et baissant les yeux, s'écarte un peu.*)

M. ALLEMAND. — Madame votre mère vous a parlé?

Mlle BOURRAT, même jeu. — Oui, monsieur.

M. ALLEMAND. — Serais-je assez heureux pour vous voir consentir ?...

Mlle BOURRAT, même jeu. — C'est donc vrai, vous voulez bien m'épouser ?

M. ALLEMAND. — C'est mon plus cher désir.

Mlle BOURRAT, avec beaucoup d'embarras. — Et pourtant vous savez tout?

M. ALLEMAND. — Je ne sais rien, mademoiselle, je ne sais rien.

Mlle BOURRAT, même jeu. — Mais maman disait...

M. ALLEMAND. — Madame votre mère fait erreur. Je sais seulement que vous avez été souffrante et que, grâce à Dieu, vous êtes aujourd'hui tout à fait rétablie.

Mlle BOURRAT, même jeu. — Ah ! (*Un temps puis, levant les yeux enfin et avec élan.*) Vous êtes très bon, monsieur Allemand,

M. ALLEMAND. — Alors vous consentez à quitter vos parents et cette belle maison de Prévoux?

Mlle BOURRAT, avec chaleur. — Oh ! oui, monsieur.

M. ALLEMAND, lui prenant la main. — Je suis le plus heureux des hommes.

Mme BOURRAT, entrant vivement par la droite. — Je ne puis mettre la main sur ton père. Il n'est jamais là quand on a besoin de lui. (*Apercevant M. Allemand.*) Ah ! c'est comme ça que vous travaillez?

M. ALLEMAND. — J'avais oublié quelques papiers sur la table ici.

Mme BOURRAT. — Inutile de chercher des prétextes avec moi. Dites donc, venez un peu ici, monsieur Allemand. (*Elle le tire dans le salon à gauche.*) Vous avez trente-cinq ans?

M. ALLEMAND. — Oui, madame.

Mme BOURRAT. — Vous êtes né en... 1860, à Lyon, n'est-ce pas? Vous n'avez parlé à personne ici de votre naissance?

M. ALLEMAND. — A personne, sauf à M. le curé, bien entendu.

Mme BOURRAT. — Bien. N'est-ce pas en 1859 qu'il y a eu à Lyon une grande exposition rétrospective de soieries qui a été inaugurée par l'Empereur, l'Impératrice, le prince Napoléon, et toute la cour?

M. ALLEMAND. — Je ne sais pas, madame.

Mme BOURRAT. — Oui, c'est bien en 1859, j'y étais avec mes parents. C'est très bien.

LOUISA, entrant à droite. — Ces dames de Vermand.

Entrent Mme Bourrat de Vermand et Caroline au grand salon où passent Mme Bourrat et M. Allemand.

*M*ᵐᵉ *BOURRAT DE VERMAND.* — Bonjour, Clémence.

CAROLINE, embrassant sa cousine. — Bonjour, chérie.

*M*ᵐᵉ *BOURRAT DE VERMAND.* — Ah ! M. Allemand. (*Elle le salue.*)

*M*ᵐᵉ *BOURRAT.* — Marie, j'ai le plaisir de vous présenter mon futur gendre.

*M*ᵐᵉ *BOURRAT DE VERMAND.* — Que dites-vous, Clémence?... M. Allemand ! (*Elle a peine à reprendre sa respiration.*) Monsieur... Tous mes compliments ! Je ne soupçonnais pas, en vérité... Ah ! quelle journée !

*M*ᵐᵉ *BOURRAT.* — M. Allemand nous fait le plaisir de dîner ce soir avec nous.

*CAROLINE, à M*ˡˡᵉ *Bourrat, à gauche.* — Que je suis contente, chérie, que je suis contente ! C'est vrai?

*M*ˡˡᵉ *BOURRAT.* — Mais oui, c'est vrai.

M. ALLEMAND, s'inclinant. — Mademoiselle...

*M*ᵐᵉ *BOURRAT, entraînant sa belle-sœur au petit salon en lui montrant un siège* (1). — Asseyez-vous Marie.

*M*ᵐᵉ *BOURRAT DE VERMAND, encore toute émue.* — Est-ce possible, Clémence?

CAROLINE, au salon, tendant la main à M. Allemand. — Je suis très contente, monsieur.

*M*ᵐᵉ *BOURRAT DE VERMAND.* — M. Allemand, votre gendre?

M. ALLEMAND. — Mademoiselle !

1. *Jusqu'à la fin de l'acte la conversation se poursuit en même temps dans le grand et le petit salon.*

Mme *BOURRAT*. — Vous m'en voyez très heureuse. Il y a longtemps que j'y avais pensé, mais imaginez-vous que c'est tout un roman.

Mme *BOURRAT DE VERMAND*. — Un roman !

CAROLINE, au salon. — Ah ! ma chérie...

Mme *BOURRAT*. — Mais oui, M. Allemand n'est pas ce que nous pensions.

CAROLINE, continuant. — C'est merveilleux.

Mme *BOURRAT, continuant.* — Il a des rentes.

Mme *BOURRAT DE VERMAND, stupéfaite.* — Des rentes?

Mme *BOURRAT*. — Oui, ma bonne, des rentes.

CAROLINE. — Et vous habiterez Valleyres?

Mme *BOURRAT DE VERMAND*. — Je n'en reviens pas ! Mais les leçons de piano?

M. ALLEMAND. — J'ai en vue un appartement.

Mme *BOURRAT*. — Ah ! voilà où le roman commence. Pour pénétrer dans le monde de Valleyres, et pour connaître les jeunes filles, M. Allemand eut l'idée d'utiliser ses talents pour la musique et de donner des leçons de piano.

M. ALLEMAND. — Oui, près de la maison de madame votre tante.

Mme *BOURRAT*. — Maintenant qu'il a fixé son choix, il renonce, cela va sans dire, à des leçons inutiles.

Mme *BOURRAT DE VERMAND*. — Ah ! que c'est romanesque ! Que me dites-vous là, ma chère?

CAROLINE. — Quand se fera le mariage?

Mme *BOURRAT DE VERMAND.* — Qui est-il?

Mlle *BOURRAT.* — Maman a dit, très prochainement.

Mme *BOURRAT DE VERMAND.* — Où habitent ses parents?

CAROLINE. — Je serai demoiselle d'honneur?

Mme *BOURRAT.* — M. Allemand n'a plus ses parents. Il y a un mystère sur sa naissance. C'est un secret.

CAROLINE. — J'adore les mariages à la campagne.

Mme *BOURRAT.* — Mais vous êtes de la famille, je puis vous le dire, M. Allemand est enfant naturel.

Mme *BOURRAT DE VERMAND.* — Ce n'est pas possible?

Mme *BOURRAT.* — Il y a eu de sérieuses raisons...

CAROLINE. — S'il fait beau, nous irons à pied à l'église.

Mme *BOURRAT.* —Des raisons d'État qui ont empêché son père de le reconnaître. M. Allemand est né à Lyon en 1860, moins d'une année après l'ouverture de l'Exposition rétrospective des soieries inaugurée par l'Empereur, assisté de son cousin le prince Napoléon.

Mme *BOURRAT DE VERMAND.* — J'avoue que je ne vois pas le rapport.

Mlle *BOURRAT.* — Oui, de belles fleurs.

Mme *BOURRAT.* — Je ne sais si je puis vous

en dire plus long. C'est si grave. Il faut que cela reste absolument entre nous.

M. ALLEMAND. — Je poursuivrai mes études historiques...

*M*ᵐᵉ *BOURRAT DE VERMAND.* — Je vous le promets, Clémence.

*M*ᵢ *ALLEMAND.* — Avec plus de loisirs.

*M*ᵐᵉ *BOURRAT*, *se penche à l'oreille de sa belle-sœur et lui murmure quelques mots.*

*M*ᵐᵉ *BOURRAT DE VERMAND, les yeux écarquillés.* — Oh ! oh ! oh !

*M*ˡˡᵉ*BOURRAT.* — Oh oui, Caroline !

*M*ᵐᵉ *BOURRAT DE VERMAND.* — J'ai toujours pensé qu'il le rappelait un peu, quelque chose dans la démarche, n'est-ce pas?

*M*ᵐᵉ *BOURRAT.* — En effet. Mais vous m'avez juré le secret.

CAROLINE. — De la belle musique.

*M*ᵐᵉ *BOURRAT DE VERMAND.* — Vous pouvez compter sur moi.

CAROLINE. — Les enfants de Marie...

*M*ᵐᵉ *BOURRAT DE VERMAND.* — Ah ! que c'est intéressant ! Clémence, il n'y a qu'à vous que des choses pareilles arrivent. (*Elle va à la porte du salon et regarde M. Allemand.*) C'est frappant !

Entre M. Bourrat par le corridor.

*M*ᵐᵉ *BOURRAT.* — Ah ! te voilà, je t'ai cherché partout.

*M*ᵐᵉ *BOURRAT DE VERMAND, courant à lui.* — Mon cher Ferdinand, permettez-moi de vous embrasser.

CAROLINE. — Il faut absolument qu'il fasse beau temps.

Mme *BOURRAT DE VERMAND*. — Je suis si heureuse. (*Elle l'embrasse.*) Et que c'est intéressant ! Clémence m'a tout dit, tout.

M. BOURRAT. — Merci, Marie, merci, mais je ne vois pas...

Mme *BOURRAT*, *le tirant à gauche*. — Un instant !

CAROLINE. — Tu seras ravissante en blanc.

Mme *BOURRAT*. — Tu vas parler d'affaires à M. Allemand.

M. ALLEMAND. — Ce sera un grand jour.

Mme *Bourrat de Vermand s'est rapprochée un peu de M. Allemand qu'elle ne cesse de regarder.*

Mme *BOURRAT*. — Inutile de mentionner les trois mille francs de rente.

M. BOURRAT. — Tu crois? Pourtant... C'est difficile. On le sait.

Mlle *BOURRAT*. — Oui... oui...

Mme *BOURRAT*. — M. Allemand est de goûts très modestes. Il a toujours vécu simplement. Il est mauvais à son âge de changer d'habitudes.

Mlle *BOURRAT*. — Ce sera ton tour, maintenant?

Mme *BOURRAT*. — La ferme de Vertbois suffit amplement.

M. BOURRAT. — Ce sera comme tu voudras, ma bonne.

Mme *BOURRAT DE VERMAND*, *revenant*

à eux. — Je l'ai bien regardé. C'est frappant.

*M*ᵐᵉ *BOURRAT.* — N'est-ce pas, Marie?

*M*ᵐᵉ *BOURRAT DE VERMAND.* — Il faut absolument que je lui parle. (*Elle va à M. Allemand dans le salon.*)

M. BOURRAT, à sa femme. — Et fifille est contente?

*M*ᵐᵉ *BOURRAT DE VERMAND.* — Vous êtes né à Lyon?

La femme de chambre et la cuisinière sont à la porte du corridor qu'elles entrebâillent et regardent dans le salon.

LOUISA. — Comme Mademoiselle a bonne mine !

*M*ᵐᵉ *BOURRAT.* — Je ne le lui ai pas demandé. Si elle n'est pas une ingrate, elle me remerciera de tout ce que j'ai fait pour elle.

LA CUISINIÈRE. — Ce sera un beau couple.

*M*ᵐᵉ *BOURRAT.* — Elle est la première des jeunes filles de sa génération qui se marie.

*On entend des voix successives dans le corridor et dans le salon où sont rentrés M. et M*ᵐᵉ *Bourrat :*

Quelle surprise à Valleyres !
Les demoiselles d'honneur !
Un grand dîner !
En rose, oui, ma chérie... je serai très flattée !
Quel âge a-t-il?
Je l'ai connue toute petite !
Elle a bien mérité son bonheur
C'est un homme excellent !

LA FILLE PERDUE

PRÉFACE

J'ai écrit cette pièce en février 1922 sur les bords de la Méditerranée, à Cagnes. J'y pensais depuis longtemps. Le sujet me paraissait propre à être traité d'une façon dramatique. Je le voyais dans mon esprit comme une suite de scènes s'enchaînant et menant le spectateur par une pente nécessaire de l'exposition au nœud de la pièce, puis à son dénouement. Il n'était pas besoin ici de s'attarder à la peinture minutieuse d'un milieu ou d'une société ; les caractères eux-mêmes étaient aussi généraux que possible. Il suffisait de prendre des êtres droits, sains, courageux, éloignés de toute exagération, sincères envers eux-mêmes et envers les autres, et de les placer soudain dans une action tragique. En somme, les seuls moyens de la tragédie classique devaient être employés. Cela était bien séduisant. J'y rêvai à loisir pendant plusieurs mois.

Je savais que le sujet de la *Fille perdue* écarterait de moi les directeurs et que j'avais peu de chances d'être joué. J'avais fait vingt ans auparavant cette *Mademoiselle Bourrat* dont j'ai raconté l'histoire. On me disait alors: « Quatre actes sur cette triste aventure! Vous cherchez la difficulté ! » Et personne n'en avait voulu. Que dirait-on de la *Fille perdue* quand on en saurait le thème? Faudrait-il attendre vingt ans encore? je n'en ai plus guère le temps. Peu importe. Un sujet s'imposait à moi. Je ne me libérerais qu'en le traitant.

J'avais pensé longtemps à la *Fille perdue*. Je l'écrivis avec rapidité bien que le métier fût nouveau pour moi. Je venais de publier une série de romans, *Ariane, Quand la terre trembla*, l'*Amour en Russie*. Il fallait changer de méthode. Tout en travaillant je ne cessais de réfléchir sur les points communs et sur les différences qu'il y a entre l'art du roman et celui du théâtre.

Le romancier et l'auteur dramatique s'occupent et se préoccupent du public qu'ils auront. Y a-t-il des gens naïfs pour croire qu'un écrivain ne songe pas à ses lecteurs? Qu'est-ce que cette tour d'ivoire où s'enferme le poète? Qui a jamais vu une tour d'ivoire? Cette image saugrenue ne l'est pas plus que l'idée qu'elle veut représenter. A la minute où l'écrivain prend la plume et donne une forme concrète à ses idées, il cherche à plaire, à émouvoir, à convaincre. S'il méprise le public de son temps, c'est, par-dessus lui, à la postérité qu'il s'adresse, à la postérité qui le vengera du dédain de ses contemporains. Il a tort, du reste, de mépriser les gens avec lesquels il vit. Les connaît-il seulement? Il leur a vu donner des preuves de mauvais goût. Mais il en a toujours été ainsi et au siècle de Louis XIV, le public — une élite pourtant — n'était pas plus raffiné que celui d'aujourd'hui. Les déboires de Racine en disent long là-dessus. Heureusement il y a, à chaque époque, des honnêtes gens dégoûtés par la médiocrité de ce qu'on leur offre et prêts à aimer une œuvre nouvelle et forte. En vérité, l'écrivain se fait de ses lecteurs une idée plus ou moins haute suivant qu'il a lui-même une âme élevée ou basse.

Seulement le romancier et le dramaturge ne s'adressent pas au même public. Le romancier gagne ses lecteurs un à un. Le lecteur est seul au coin du feu près d'une lampe amie et il reste maître de disposer de son temps à sa guise. Peut-être mettra-t-il une douzaine de demi-heures en autant de jours à achever le livre de son choix, peut-être une nuit seulement. Il le ferme pour s'abandonner aux émotions éveillées en lui ; il le rouvre quand il en a envie. Le romancier à une page de distance emporte son lecteur à cent lieues ; il flâne s'il le juge utile ; il se hâte au besoin ; un « blanc » dans le texte peut être plus chargé de sens qu'une page entière ; une brusque coupure en dit plus qu'un chapitre (le fameux « Il voyagea » de l'*Education sentimentale*). Il emploie les moyens qui lui plaisent pourvu qu'il produise l'effet voulu. Le temps ne fait rien à l'affaire. Cent pages pour la *Princesse de Clèves*. Dix volumes pour les *Misérables*.

Mais l'auteur dramatique ! Le temps lui est strictement mesuré et il est toujours le même ! On lui accorde deux heures et demie. Il lui faut en ces brefs moments prendre un spectateur distrait, lui présenter ses personnages, exposer son sujet, le développer et conclure. Il doit capter l'attention du public et ne pas la lâcher. S'il la perd un instant, il a mille peines à la retrouver. Du reste, il n'en a pas le loisir. Le temps est sur lui et le talonne. Chaque réplique marque une étape vers un dénouement pressenti et inévitable. Il doit être compris tout de suite ; on ne lui passe aucune fantaisie ; on ne lui fait aucun crédit. Où sont les longues flâneries du roman ?

Mais cela n'est rien encore. A qui s'adresse-t-il ? Est-ce à cet homme isolé, de loisir, d'esprit libre qui prend un roman à son heure ?

Non, il ne s'adresse pas à un homme, mais à une collectivité ; il écrit pour ce monstre redoutable, la foule. Alors tout change. Ces cinq cents ou mille personnes, auxquelles vous pourriez faire lire individuellement des œuvres hardies, ont, lorsqu'elles sont réunies, des susceptibilités, des pudeurs, des préjugés nouveaux. Chaque spectateur aliène une partie de sa personnalité et prend pour quelques heures des façons de sentir et de penser plus communes qui sont propres à la foule. Dans le roman on peut aborder les thèmes les plus audacieux. Au théâtre, il est des sujets défendus. Voit-on l'œuvre de Marcel Proust sur la scène? N'étais-je pas tombé avec la *Fille perdue* sur un sujet interdit? Le fait que personne ne l'avait traité jusqu'à ce jour semblait me dire: « Ici, l'on ne passe pas.»

On ne peut écrire une seule réplique d'une pièce sans chercher à imaginer comment elle sera accueillie par le monstre aux mille têtes de l'autre côté de la rampe. Il faut trouver à chaque instant le point commun de sensibilité entre M. le duc de X..., de l'Académie française, et votre manucure. On peut braver ce monstre, il est vrai, mais ce n'est qu'une façon, plus subtile peut-être, d'atteindre le seul but que se propose l'auteur dramatique qui est de gagner le public et de le forcer à suivre la voie qu'il lui trace. Oui, peut-être ici la foule qui est femme par sa nervosité, ses faiblesses et ses enthousiasmes, la foule désire-t-elle sentir peser sur elle une force. Peut-être cherche-t-elle un maître à qui se donner. Mais l'entreprise est périlleuse. Pour un mot qui la choque, la foule qui était prête à s'agenouiller se révolte et vous déchire.

Aussi le métier de l'auteur dramatique surpasse-t-il mille fois en difficultés celui du romancier. Un chef-d'œuvre sur la scène, voilà une réussite rare. Combien en compte-t-on dans la littérature française? Deux douzaines peut-être. Et le xıx^e siècle qui peut présenter cent romans admirables nous laissera quelques pièces de théâtre à peine et un seul chef-d'œuvre la *Parisienne* d'Henri Becque, mort dans la pauvreté.

Avec ces idées dans la tête, comment ai-je pu me mettre à écrire la *Fille perdue?* Je savais à l'avance que cette pièce « ne ferait pas d'argent», mots redoutables auxquels frémissent les auteurs dramatiques. Alors quoi? «l'amour sans plus du vert laurier»? Comment espérer le cueillir en un terrain si escarpé et si rude? Je me mis pourtant à la besogne, parce qu'il faut envisager le développement de sa vie comme une série d'expériences instructives dont chacune, si insignifiante qu'elle puisse être en soi, a son utilité et vient prendre sa place dans l'ensemble d'une œuvre dont le sens et la portée nous échappent.

Me voici donc devant mon papier pour traiter ce sujet terrible. Je suis dans la lumière aveuglante de la scène et, à chaque réplique, je vois par-dessus la rampe dans l'ombre cinq cents visages tendus vers moi. Il y a là cinq cents spectateurs qu'il faut gagner du premier jusqu'au dernier et qu'il faut monter à un tel degré d'émotion qu'ils acceptent sans protester et même avec soulagement le dénouement que je veux leur imposer, dénouement que pas un seul, à l'avance, n'est prêt à admettre. Eh ! voilà une difficulté à vaincre !

Comment se tirer de là? A force de vérité et d'humanité. Que les personnages à chaque fois disent justement ce qu'ils ont à dire ; qu'il n'y ait aucun flottement dans leur pensée et il n'y en aura pas dans le public ; qu'ils apparaissent simples, émus, sincères, qu'ils souffrent vraiment, et les spectateurs souffriront avec eux. Ce n'est qu'ainsi que je puis gagner la partie. Si je mets sur la scène des personnages de convention, comment le public supporterait-il de les voir prendre une décision si contraire aux règles rigides, non seulement du théâtre, mais de notre société ?

Un critique, M. Rivoire, cherchant les raisons pour lesquelles ma pièce n'a pas été arrêtée par l'indignation du public (toujours l'idée préconçue chez les critiques que, comme ce sujet n'a pas été traité jusqu'à présent, il ne peut et ne doit pas être abordé), imagine que les spectateurs sont restés indifférents, parce que Robert et Perdita n'existent pas : le public a laissé passer sans une protestation la *Fille perdue* parce qu'il s'est trouvé en face d'êtres de raison. Quand on sait le très faible degré de vérité et de vie que l'on trouve dans le théâtre contemporain, on est confondu par l'assertion de M. Rivoire et je regrette de ne pas connaître les œuvres de cet auteur, pour juger de ce que peuvent renfermer de vie les héros d'*Il était une bergère* (1). Je pense au contraire que, si imparfaits qu'on les trouve, mes personnages représentent des êtres vrais et sincères et si le public s'est laissé toucher c'est parce que l'accent de leur voix a quelque chose d'humain.

Quoi qu'il en soit, c'est dans la vérité que j'ai cherché le salut. J'ai fait un grand effort pour me débarrasser du lourd bagage de sentiments reçus et d'idées admises que l'on rencontre à chaque pas sur son chemin lorsqu'on fait une œuvre dramatique. Je m'interrogeais à tout moment au sujet de mes héros. « Et maintenant que sentent-ils, que

1. Pièce en vers de M. Rivoire, jouée à la Comédie française

pensent-ils ? » me disais-je, et non pas : « Que doivent-ils sentir et penser ? » Entre ces deux questions, un abîme. D'un côté l'on voit les personnages peu nombreux qui sont animés d'une vie véritable et en qui nous reconnaissons nos frères ; de l'autre l'innombrable foule des êtres de convention, pâles, sans os, sans âme, qui se pressent le long des portants de la scène.

Me voici donc, après une sévère lutte avec moi-même, au bout de mon travail. Cette *Fille perdue*, lorsque je la relus, m'apparut dépouillée de tout ce qui n'était pas nécessaire au sujet. J'avais réduit le nombre des personnages au minimum. Je n'avais que deux vieilles dames et un couple. Avec cela il fallait tenir l'attention du public éveillée de neuf heures à minuit. A combien de reproches ne m'étais-je pas exposé? Mon premier acte se passait dans un milieu élégant à Saint-Moritz et je ne montrais pas de robes ! La couture de Paris n'aurait pas sa soirée. Le deuxième et le troisième acte avaient le même décor. On me fit tout de suite l'objection que l'on imaginerait une action continue de l'un à l'autre.

Une question intéressante s'était posée à moi que j'avais résolue de la façon la plus nette. La surprise est-elle nécessaire au théâtre? Il n'y avait pas de surprise dans ma pièce.

Toute une école d'auteurs en fait le ressort suprême de l'art dramatique. Et je m'étais privé du plus sûr moyen de gagner ma difficile partie ! Mais je pense que ces auteurs sont mal renseignés sur l'histoire du théâtre et qu'ils sont si pressés de se faire jouer qu'ils n'ont jamais eu une minute pour réfléchir d'une façon désintéressée sur l'art qu'ils pratiquent.

L'histoire du théâtre montre que la surprise n'a jamais joué qu'un rôle très secondaire comme moyen dramatique. De tout temps, les grandes pièces étaient connues à l'avance dans leur sujet par l'ensemble du public qui les écoutait. Elles traitaient des thèmes historiques ou légendaires familiers à tous. Lorsqu'on joua les *Perses*, il n'y avait pas un Athénien qui ne sût que, lorsque Xerxès rentrait à Suse après la bataille de Marathon, ce n'était pas pour y rapporter la nouvelle d'une victoire. Personne n'ignorait la légende d'*Œdipe* et comment se terminerait cette tragédie. Est-ce que les *Perses* en présentaient moins d'intérêt? Est-ce que le public d'Athènes ne frémissait pas à l'évocation de ces journées toutes récentes où s'était joué le sort de la Grèce? Et pour Œdipe, la révélation inévitable de la vérité qui allait accabler ce malheureux était-elle moins émouvante pour les spectateurs parce qu'ils la connaissaient à l'avance ?

Quel rôle joue ici la surprise chère à nos dramaturges ingénus?

Dans la comédie antique, un prologue annonçait clairement au public le sujet qu'il allait voir et la façon dont l'intrigue se nouait et se dénouait. « Telle fille, disait-on, a été volée à tel père de Sicyone. Elle appartient maintenant à un entremetteur qui veut la vendre à un vieillard. Mais elle est aimée par un jeune homme, etc., etc. »

Le public connaît la pièce avant de l'avoir vue. Aucune surprise pour lui. Y prend-il moins de plaisir? Faut-il croire qu'Eschyle, Sophocle, Euripide, Ménandre, Plaute, Térence étaient des hommes de théâtre moins avertis que X..., Y..., et Z..., qui gagnent, chacun, cinq cent mille francs par an sur les scènes de Paris.

Ces messieurs allégueront le progrès des lumières. Nous sommes au xxe siècle ; la période de l'obscurantisme est terminée, etc...

J'ai une autre hypothèse que je risque. Ces gens d'autrefois, et les Racine aussi, et les Corneille, peut-être est-ce parce qu'ils étaient de grands hommes de théâtre qu'ils n'avaient pas besoin de surprise. Peut-être avaient-ils d'autres moyens d'intéresser et d'émouvoir les spectateurs, moyens qui ne sont pas à la portée d'X..., Y..., et Z.... Peut-être la surprise, après tout, n'est-elle qu'un pis aller?... Alors comment croire au progrès? Le monde s'écroule.

Ah ! cette question de la surprise comme elle est intéressante ! Je rencontre après le deuxième acte de la *Fille perdue* M. Henry Bernstein. M. Henry Bernstein est un homme intelligent et qui connaît dans la perfection un métier qu'il pratique depuis vingt ans avec un succès continu et retentissant.

Il hoche la tête et me dit :

— Si cette révélation des liens de parenté venait seulement alors comme une surprise, peut-être l'effet serait-il plus grand?

— Mais, Bernstein, répondis-je, il n'y a pas de surprise au théâtre. Le public ne s'intéresse qu'à ce qu'il devine et pressent. Lorsqu'on a donné la répétition générale du *Voleur*, pensez-vous qu'il y ait eu beaucoup de spectateurs ignorant à la fin du premier acte qui était le voleur? Et si votre second acte a porté, c'est que tout le monde avait deviné que la femme avait volé, tout le monde voulait savoir comment le mari l'apprendrait, comment la femme se défendrait. Et même si personne ne l'avait deviné ce soir-là — ce que vous ne soutiendrez pas — le lendemain tout le monde le savait par les journaux. Il n'y a pas de surprise, Bernstein, et cela est si vrai que vous,

directeur de théâtre, vous obligez les malheureux auteurs à écrire pour le programme
un argument de la pièce où, acte par acte, ils
racontent les événements qui vont se dérou-
ler et que les spectateurs veulent connaître
avant que le rideau se lève.

— Ce sont des impondérables, répondit
Henry Bernstein, en hochant la tête.

Je fus stupéfait, — et je le suis encore —
de cette conversation. Des choses qui me
paraissaient évidentes à moi débutant n'a-
vaient été ni examinées ni résolues par les
maîtres tout puissants du théâtre d'aujour-
d'hui. Ils croyaient à la surprise.

Et pourtant notre théâtre a débuté par les
Mystères. La surprise eût été qu'on ne cruci-
fiât pas Notre-Seigneur Jésus-Christ. Faudrait-il renoncer à jouer *Jules César* parce que
chacun sait qu'il meurt assassiné? *Cléopâtre*,
parce qu'un aspic bien connu joue un rôle
dans cette histoire? Enlèverons-nous Jeanne
d'Arc du bûcher pour surprendre le public?

En vérité, il semble que la chose ne puisse
se discuter.

En tous cas, comme on le verra, j'ai
renoncé à tout effet de surprise dans la *Fille
perdue*. Il suffit de lire le titre de la pièce et la
liste des personnages pour comprendre que
la seule jeune fille de la pièce est la fille perdue.
Dans la première scène d'exposition entre

les deux vieilles dames les augures dans la
salle se regardaient stupéfaits : « Le malheureux, il livre tous ses secrets à l'avance, et
d'un seul coup ! ».

Mais je le demande à toute personne sans
parti pris qui a vu représenter la pièce au
théâtre des Arts, l'intérêt était-il moins
grand lorsque, le rideau levé au second acte,
la scène commençait entre Robert et Perdita.
Bien au contraire, l'attention était surexcitée
précisément parce que le public savait que la
terrible vérité allait soudain éclater entre
ces deux êtres qui s'adorent. Si le public
avait pu douter des liens de parenté qui les
unissaient, il aurait suivi la scène d'une
façon plus détachée. Je suis persuadé que
le public a horreur de la surprise, qu'en
fait il ne pourrait la supporter. Il veut deviner où il va. A l'auteur de ne pas le tromper
et de le faire deviner juste. Le public s'amuse
prodigieusement à ce jeu d'augure. Dans *Mademoiselle Bourrat*, à l'instant où l'un peu ridicule M. Allemand que mille obstacles sépa-
rent de mon héroïne paraît en scène, le
public plus ou moins consciemment raisonne
ainsi : « Voilà le seul jeune homme de la
pièce : il épousera Mlle Bourrat. Comment?
je n'en sais rien. C'est à l'auteur de m'amener à ce dénouement certain en m'amusant
ou en m'émouvant. »

Tout de même, je me rendais compte des défauts de ma pièce, — un premier acte sans mouvement, un dernier acte où mes héros ne peuvent s'exprimer directement, non pas parce qu'il y a des spectateurs, mais à cause du combat intérieur qui se livre en eux lorsqu'ils découvrent successivement et avec tant de difficulté qu'ils se sont trompés sur leurs sentiments réciproques et qu'ils sont restés ce qu'ils étaient, ce qu'ils seront toujours l'un pour l'autre : des amants. Certains ont loué ce qu'ils appelaient mon habileté à faire accepter la solution du problème posé. Je ne sais si j'ai été adroit ; j'ai tâché d'être vrai. C'était dans l'espèce la suprême habileté. Il y a dans mes personnages un tel sérieux et une telle bonne foi que le public le plus prévenu ne pouvait à aucun moment prendre parti contre eux.

D'autre part, ce qui me plaisait dans ma pièce était une certaine simplicité, une ligne, me semblait-il, assez pure, un beau sujet qui se nourrit de lui-même, qui se suffit, qui ne doit rien au hasard, une sobriété de ton, une mesure dont je ne crois pas m'être écarté. Aussi de toutes les sottises qu'on écrivit sur la *Fille perdue,* la seule qui excita en moi une vive irritation fut d'être accusé de romantisme !

Et cela sous la plume d'un critique intelligent ! Je crois que c'est le seul auquel je me donnai la peine de répondre. Du reste les critiques sont plus à plaindre qu'à blâmer. Ils voient cinq ou six pièces nouvelles par semaine ; ils sont obligés de rendre compte du plus bas vaudeville, de la plus plate comédie. A vivre dans une atmosphère empoisonnée, dans un monde où tout est artifice et convention ils finissent, hélas ! par prendre pour ces viles productions un goût malsain. C'est miracle que quelques-uns d'entre eux gardent un jugement clair. Ils sont généralement d'une extrême indulgence pour tout ce qui est médiocre ; ils sont sujets à des enthousiasmes contagieux et bruyants. S'ils se relisaient à dix ans de distance, ils apprendraient à se méfier d'eux-mêmes. Mais ils n'en ont pas le temps.

Quoi qu'il en soit, la *Fille perdue* fut représentée au Théâtre des Arts, le 7 novembre 1923, M. Rodolphe Darzens ayant été le seul directeur de Paris qui n'eût pas frémi d'horreur en entendant le sujet de ma pièce. La presse éleva un grand cri de protestation. La critique presque entière — je garde le souvenir de quelques beaux articles libres et indépendants — se jeta à la défense de la morale que j'outrageais, paraît-il. C'est là le devoir et la fonction de la critique ; je l'avais oublié. Il était bien nécessaire de me le rappeler, car comment m'en serais-je souvenu à voir la façon dont elle traite les pièces les plus licencieuses? Elle se rattrapa sur moi qui le méritais bien. Je ne montrais pas, en effet, de femme nue ou en chemise sur la scène ; je ne mettais pas deux ou trois personnages dans le même lit. Mais elle ne put supporter de me voir traiter avec une parfaite convenance de langage un sujet hardi, il est vrai, mais qui reste un cas exceptionnel, sur lequel je n'ai pas à prendre parti, que je regarde du dehors sans blâmer ni approuver la solution que prennent mes héros.

M. de Pawlowski compara les mœurs de mes personnages à ceux d'une nichée de chats. Mais M. de Pawlowski qui a de l'esprit n'est pas un pur esprit, il a besoin de manger et de dormir comme ses chats et j'espère pour lui qu'il est encore assez jeune pour accomplir d'autres actes, *more ferarum*, comme dit Lucrèce.

D'autres n'osèrent pas rendre compte de ma pièce et parmi ceux-là, quelle ne fut pas ma stupeur de voir un des écrivains les plus audacieux parmi les immoralistes de ce temps, Mme Colette. Quand le diable se fait vieux, on assure qu'il devient ermite. Mais Mme Colette est jeune encore pour prendre sa retraite. Quelle confusion s'est faite dans l'esprit de cette femme de tant de talent?

A-t-elle cru qu'à raconter seulement le sujet de la *Fille perdue*, elle paraîtrait approuver la conduite de mes héros? Mais, lorsque nous lisons les *Vrilles de la vigne* et déclarons ce livre admirable, nous n'entendons pas louer les mœurs sapphiques que l'auteur de ce récit nous dépeint voluptueusement. Et de même, je puis prendre le plus vif plaisir à la description des sentiments et des passions qui agitent les hommes-femmes de l'inoubliable Marcel Proust sans me solidariser avec ces singuliers héros-héroïnes.

Venons-en à des choses plus sérieuses. M. A. Antoine, lorsqu'il voit qu'à la fin de ma pièce Robert et Perdita décident non de se tuer, mais de vivre ensemble, demande avec l'autorité qui lui appartient : « L'auteur a-t-il voulu plaider pour la nature et la passion contre les conventions sociales et la morale courante, approuver ses deux héros de céder à des forces immuables? C'est bien possible, mais encore une fois où cela nous mène-t-il? Le cas reste surtout littéraire, il ne dégage aucune humanité. »

Je n'ai pas voulu plaider et je n'ai pas plaidé. Il n'y a — faut-il vraiment le dire? — aucune thèse dans ma pièce. J'imagine que mes personnages, dans la situation où le hasard les a placés, innocents l'un et l'autre, ne se tueront pas, qu'ils ne défieront pas

non plus la société, mais que, sains de corps
et d'esprit, ils resteront des amants et que
la « voix du sang » ne sera pour eux qu'une
métaphore. D'autres plus faibles, ou plus
pénétrés de littérature, dans un même conflit n'en pourront supporter la tension, ils
entreront au service de Dieu ou mettront
fin à leurs jours. Toutes ces solutions sont
possibles et acceptables. Nous regardons des
êtres torturés par la passion et l'on n'attend
pas de nous que nous soutenions dans un
drame d'amour une thèse de morale kan-
tienne. Du reste le cas de mes héros est si
exceptionnel qu'on ne peut pas m'accuser
de corrompre les mœurs dont la vie est indépendante des œuvres que nous écrivons.
Les mœurs nous dépassent ; elles nous de-
vancent et il faut, à chaque fois, un immense
effort pour faire sortir la littérature des cli-
chés où elle s'attarde.

Mais, dit Antoine, où cela mène-t-il?
Quelle humanité voulez-vous qu'il y ait
dans une situation si anormale? — En vérité,
cela ne mène nulle part. Mais où mène
Phèdre? Où mène *Hamlet?* et le *Roi Lear?*
Pensez-vous, Antoine, que le cas du *Cid* ne
soit pas exceptionnel au même degré? Une
fille qui va épouser le meurtrier de son père.
En voyez-vous beaucoup d'exemples autour
de vous? La chose reste rare et monstrueuse

Cependant Corneille rend Chimène sympathique et la salle tout entière la pousse dans les bras de son amant. Reprocherez-vous à Corneille de recommander aux filles de prendre comme mari celui qui a tué leur père? Et pourtant cette tragique histoire, si singulière qu'elle soit, est pleine d'humanité et de beauté. Pourquoi? Parce qu'on y voit de grands mouvements de passion et parce que, du conflit qui oppose Chimène à Rodrigue, l'amour sort vainqueur, conclusion qui reste conforme à la morale la plus secrète, la plus profonde qui soit au cœur des hommes.

M. Robert de Flers à qui rien de ce qui est du théâtre n'est étranger n'admet pas non plus la conclusion de ma pièce et dit : « Le suicide du père est dans la logique du sujet... j'entends bien que l'auteur a été à la solution non la plus vraie, mais la plus dangereuse, à celle qu'il était impossible de nous imposer. »

Mais qui serait assez fou pour choisir une solution dangereuse? La bravade est, en soi, de bien mauvais goût et nul plus que moi n'en est éloigné. La logique des caractères que j'avais conçus commandait le cours de ma pièce. J'ai pris la solution que l'on connaît parce qu'elle m'a paru la plus vraie, et pour aucune autre raison. Elle est fort éloignée de celle que m'offraient les conventions théâtrales; elle rendait ma tâche mille fois plus difficile et périlleuse ; elle écartait de moi presque tous les directeurs ; elle devait exciter la colère des critiques qui n'aiment pas qu'on trouble leur univers. Les spectateurs eux-mêmes dont l'esprit est moins enchaîné — j'en ai eu plus de dix mille preuves — comment l'accepteraient-ils? La sagesse, la prudence, le soin de mes intérêts matériels, tout me recommandait de mener mes héros à une mort qui m'eût été fructueuse. Non, je n'ai pas choisi la solution la plus dangereuse ; elle s'est imposée à moi.

Du reste voici ma pièce, et les lecteurs pourront en juger. Les questions de métier n'intéressent guère que les auteurs. Racine disait dans la préface de *Bérénice.* « Ce n'est pas que quelques personnes ne m'aient reproché cette même simplicité que j'avais recherchée avec tant de soin. Ils ont cru qu'une tragédie qui était si peu chargée d'intrigues ne pouvait être selon les règles du théâtre... » Il disait aussi : « La principale règle est de plaire et de toucher... » Et encore : Qu'ils [les spectateurs] se réservent le plaisir de pleurer et d'être attendris. »

J'ai vu au théâtre des Arts de beaux yeux se remplir de larmes.

Que demander de plus?

LA FILLE PERDUE

PIÈCE EN TROIS ACTES

PERSONNAGES

Robert Duprey . . . . . . M. Paul Capellani.
Perdita . . . . Mlle Falconetti.
Mme Servières . . . . . . Mme Marie Laure.
Mme Duprey . . . . Mme J. Marie Laurent.

Valet et femme de chambre

*Représentée le 7 novembre 1923 au Théâtre des Arts,
sous la direction de M. Rodolphe Darzens*

Mise en scène de M. E. Cassin.

ACTE PREMIER

La scène représente une terrasse devant les appartements privés d'un des grands hôtels de Saint-Moritz. Une barrière de bois mobile de trois pieds de hauteur sépare, à gauche, la partie de la terrasse qui se trouve devant l'appartement de Mme Duprey du reste de la terrasse. A gauche, au premier plan, l'entrée de l'appartement ; en face et à droite, la balustrade qui ferme la terrasse. Dans le fond, on aperçoit un panorama de montagnes, bois et pâturages, et au-dessus les neiges éternelles. Il fait beau temps, grand soleil qui, à la fin de l'acte, se couchera derrière les montagnes.

> (*Mme Duprey est assise dans un fauteuil devant une petite table. C'est une vieille et belle dame à cheveux blancs qui a su vieillir avec simplicité. Elle porte de grosses lunettes d'écaille. Elle tricote. Il est trois heures. Un instant après le lever du rideau, une autre dame, Mme Servières, entre par la porte de l'appartement. Elle a passé la cinquantaine; elle est vêtue de noir, avec élégance.*)

Mme DUPREY, *levant les yeux.* — Ah ! c'est toi, Marie... As-tu un peu dormi? T'es-tu reposée?

Mme SERVIÈRES, *venant s'asseoir près de sa*

sœur. — Je n'ai pas dormi. Il faut s'habituer à l'altitude. Mais l'air est si pur et si vif ici que de l'avoir respiré quelques heures seulement, je ne me ressens plus des fatigues du voyage.

Mme *DUPREY.* — Tu es restée très jeune, Marie.

Mme *SERVIÈRES.* — Jusqu'à présent, je n'ai pas à me plaindre.

Mme *DUPREY.* — Comment as-tu trouvé Robert?

Mme *SERVIÈRES.* — Splendide. Il ne porte pas son âge. Qui dirait à le voir qu'il a quarante et un ans? En voilà un que la montagne a sauvé.

Mme *DUPREY.* — Comme il y a pris goût ! C'est curieux, quand on pense qu'il y a été amené dans de si tristes circonstances, comme prisonnier malade évacué d'Allemagne. Maintenant il m'y ramène tous les ans trois semaines en été. Moi, je t'avoue que je préférerais rester chez moi. Mais quoi, il s'amuse ici et, comme il a la gentillesse de me demander de l'accompagner, je le suis. Pourtant je n'aime pas cette vie d'hôtel. On ne sait qui on y rencontre. Je suis trop vieille pour me faire à toutes ces figures nouvelles.

Mme *SERVIÈRES.* — Tu as toujours été un peu effrayée par ce que tu ne connais pas.

Mme *DUPREY.* — Que veux-tu, Marie, je suis faite aïnsi. Toi, tu as voyagé. Tu as suivi ton mari dans ses postes à l'étranger. Je n'ai guère quitté mon foyer ; je ne connais de la vie que celle qu'ont menée mes parents, celle que j'ai menée moi-même dans des horizons familiers. Alors je suis un peu dépaysée ici.

*M*ᵐᵉ *SERVIÈRES.* — Est-ce pour cela que tu m'as écrit de venir auprès de toi?

*M*ᵐᵉ *DUPREY.* — Oh ! non, je ne t'aurais pas dérangée pour si peu. J'avais bien envie de te voir, mais il y a autre chose, Marie.

*M*ᵐᵉ *SERVIÈRES.* — Je le pensais bien. Eh bien, maintenant que nous sommes seules, raconte-moi tes grands soucis.

*M*ᵐᵉ *DUPREY.* — Ne commence pas par te moquer de moi. Tu verras, c'est sérieux... Nous allons causer un peu. Nous avons le temps, Robert est sorti pour l'après-midi.

*M*ᵐᵉ *SERVIÈRES.* — Tiens, c'est vrai. Où est-il, mon neveu?

*M*ᵐᵉ *DUPREY.* — Il a été avec des amis, hum ! des amis? enfin, je t'expliquerai, jusqu'à un village voisin, Sils Maria, voir la maison où a vécu Nietzsche. (*Levant les yeux sur sa sœur.*) Tu l'as lu, toi, ce Nietzsche?

*M*ᵐᵉ *SERVIÈRES.* — J'en ai lu un livre ou deux. C'est difficile.

*M*ᵐᵉ *DUPREY.* — Je n'en ai pas lu une ligne, et à mon âge je ne m'y mettrai pas. C'est une toquade de Robert. Il n'en sortira rien de bon, de cet Allemand, selon moi... Enfin, passons, ce n'est pas de cela qu'il s'agit... Je vais te dire ce qui en est, Marie. Eh bien ! j'ai peur que Robert ne soit amoureux.

*M*ᵐᵉ *SERVIÈRES, riant.* — Mais, sapristi, ce n'est pas la première fois que cela lui arrive à mon neveu. Tu devrais en avoir pris l'habitude.

*M*ᵐᵉ *DUPREY.* — Attends un peu, Marie. Parbleu, je sais bien comment a vécu mon fils.

Cela ne m'a pas toujours fait plaisir. Et tu te souviens que nous avons eu beaucoup de soucis autrefois, toi comme moi, quand il a eu tout jeune cette liaison... Ç'a été une triste histoire, mais enfin tout cela, c'est bien vieux, quinze ou vingt ans déjà... Seulement, cette fois-ci, c'est plus sérieux.

Mme *SERVIÈRES*. — Raconte-moi ça. J'ai toujours eu un faible pour les aventures de Robert.

Mme *DUPREY*. — Il s'agit d'une jeune fille.

Mme *SERVIÈRES*. — Enfin !

Mme *DUPREY*. — Tu es incorrigible, Marie. Tu sais bien que je n'ai pas de plus grand désir que de voir mon fils se marier. Je ne pense qu'à cela et depuis longtemps. Et maintenant, il commence à être tard déjà. Mais je voudrais qu'il fît un bon mariage, qu'il trouvât une jeune fille de chez nous, élevée comme nous l'avons été, toi et moi.

Mme *SERVIÈRES*. — Cela devient rare, je t'avertis.

Mme *DUPREY*. — Mais c'est une chose sérieuse, Marie. Il s'agit de toute la vie.

Mme *SERVIÈRES*. — Et Robert a rencontré ici une étrangère charmante et ils se sont plu. Je lui fais mes compliments à cette fille-là, elle a du goût. Comment est-elle?

Mme *DUPREY*. — Il y a étrangère et étrangère. Celle-là me paraît inquiétante. Elle est orpheline.

Mme *SERVIÈRES*. — Quelle chance ! les familles sont généralement impossibles.

Mme *DUPREY*. — On ne sait d'où elle vient, d'Amérique, je crois, en dernier lieu, bien qu'elle soit née en France. Enfin, c'est ce qu'on appelle une cosmopolite. Tu sais, dans des endroits comme ici, on ne demande aux gens, ni qui ils sont, ni d'où ils viennent, ni même leur nom. Il suffit qu'ils soient agréables. Il n'en faut pas plus pour qu'on les adopte, et, pour mettre les choses sur un pied de simplicité, on leur donne un surnom. Pour cette jeune fille, c'est Perdita. Me vois-tu la belle-mère d'une fille que vingt personnes appellent Perdita?

Mme *SERVIÈRES*. — C'est shakespearien. Et avec qui est-elle ici?

Mme *DUPREY*. — Avec un jeune ménage anglais, très bien, du reste. Mais elle sort seule, naturellement. Dans ces stations d'été, on a une liberté inimaginable. On se promène, à pied ou en voiture, avec un ami, on va danser le soir sans chaperon. On rentre par couples, bras dessus bras dessous.

Mme *SERVIÈRES*. — Je sais, je sais. J'ai habité des pays où cela se pratique couramment.

Mme *DUPREY*. — Et tu trouves cela bien?

Mme *SERVIÈRES*, *haussant un peu les épaules*. — Cela ne me terrifie pas.

Mme *DUPREY*. — Enfin, cette Perdita a une audace de langage extraordinaire. Elle parle de toutes choses comme beaucoup de jeunes femmes n'en parleraient pas.

Mme *SERVIÈRES*. — Cela ne veut peut-être rien dire, ma chère Marguerite. Ce ne sont pas toujours les jeunes filles qui parlent librement

dont la conduite laisse le plus à désirer. Peut-
être, au contraire, les saintes nitouches sont-
elles plus dangereuses.

Mme *DUPREY*. — Marie, tu essaies de me
tranquilliser. Mais attends un peu ; tu la verras
et tu comprendras bien qu'elle n'a rien de ce
qu'il faut pour assurer un bonheur durable à
Robert. Qu'il s'amuse avec elle, c'est bien,
mais autre chose !... Et puis il y a la question
de l'âge. Elle n'a pas vingt ans, cette fille.

Mme *SERVIÈRES*. — Tu m'accuseras de
parti pris, mais cela non plus n'a rien pour me
déplaire. Pourquoi Robert n'épouserait-il pas
une jeune fille? Du reste, as-tu lieu de croire
qu'il songe au mariage?

Mme *DUPREY*. — Je n'en sais rien ; il ne
quitte pas cette Perdita. Mais j'aimerais mieux
qu'elle ne se fût pas trouvée sur le chemin de
mon fils. Je ne suis pas pour les mariages inter-
nationaux. On a déjà assez de peine à s'entendre
avec une femme de son pays, de sa race et de sa
classe, sans aller chercher à compliquer les
choses. Mais, enfin, peut-être ai-je tort? Il y a
des moments, où, malgré mes préventions, elle
trouve moyen de me plaire tout de même. Seulement j'ai peur de me tromper et la chose est
si sérieuse que je t'ai fait venir pour avoir ton
opinion. Tu vas la voir. Cause avec elle ; étu-
die-la et tu me diras franchement ce que tu en
penses.

Mme *SERVIÈRES*. — La rencontrerai-je
aujourd'hui?

Mme *DUPREY*. — Mais naturellement. Tiens.

je parie qu'elle est avec Robert — seule, cela va
sans dire — à Sils Maria. Elle doit avoir lu
Nietzsche elle aussi. Que n'a-t-elle pas lu? Peut-
être reviendront-ils avant que nous allions prendre le thé chez les Leroy au Carlton. Sinon, tu
la verras ce soir danser avec Robert, ici même.

Mme *SERVIÈRES*. — En somme, je découvre
que mon neveu mène une vie fort agréable à
Saint-Moritz.

Mme *DUPREY*. — Il ne veut voir que des
jeunes gens et des jeunes filles. Il fuit comme la
peste les conversations sérieuses avec les gens
de son âge. Quel changement en lui, Marie,
depuis la guerre ! Avant, il s'intéressait à sa
carrière, il travaillait, il était fort bien noté.
Depuis, il semble détaché de tout ce qui a été
sa vie antérieure. Tiens, j'avais oublié de te le
dire, il a reçu avant-hier une lettre du ministère.
On lui offre un poste excellent, premier secrétaire de l'ambassade à Londres, s'il veut reprendre du service. Nous avons eu une longue
conversation à ce sujet. Mais je n'ai pu changer
sa décision. Il refuse tout net et tu sais comment
il est, on a peu de prise sur lui. Il m'a répondu
en plaisantant qu'il n'avait plus la vanité de
se croire indispensable, qu'un autre remplirait
aussi bien que lui ce poste et en tirerait une
grande satisfaction et qu'il était résolu à vivre
librement, puisqu'il en a les moyens, la seconde
partie de sa vie.

Mme *SERVIÈRES*. — C'est un programme
qui se défend.

Mme *DUPREY*. — Il semble qu'aujourd'hui

à ses yeux rien ne vaille, sauf le moment présent. Il a une espèce de scepticisme qui me gêne ; il veut être indifférent à tout ce qui a du prix pour nous.

Mme *SERVIÈRES.*—Mais, Marguerite, pourquoi te faire des soucis de rien ! Ne connais-tu pas Robert, comme je le connais moi-même? Ne sais-tu pas que, malgré les airs qu'il se donne, malgré son détachement joué, son cœur est resté tendre comme autrefois? Mais il ne veut pas se montrer tel qu'il est. Cela ne me déplaît pas... Tiens, veux-tu faire une expérience? Essaie de lui parler de sa fille perdue, et tu verras si ton Robert affecte l'indifférence.

Mme *DUPREY.* — Ah, non, non, c'est un sujet défendu.

Mme *SERVIÈRES.* — Tu vois bien que ton fils n'a pas changé et qu'il n'est pas détaché de tout puisqu'il est sensible comme au premier jour à un drame — c'en était un ! — qui s'est passé il y a si longtemps. Car il y a bien quinze ans que cette petite a disparu, et elle était presque un bébé encore. Avait-elle quatre ans seulement?

Mme *DUPREY, interrompant.* —Oui, elle venait d'avoir quatre ans.

Mme *SERVIÈRES, continuant.* — Eh bien ! depuis qu'il l'a perdue, elle vit toujours en lui.

Mme *DUPREY.* — Comment la mère a-t-elle eu le courage de l'enlever à son père? C'était une vilaine femme, une aventurière. Et cette petite, qu'est-elle devenue? Elle aurait dix-neuf ans. J'y pense aussi bien souvent, et je la regrette.

*M*ᵐᵉ *SERVIÈRES*. — Elle était charmante, vraiment. Te rappelles-tu quand nous allions la voir, en nous cachant, aux Champs-Élysées où elle jouait avec sa bonne? Elle avait de grands yeux pervenche, si sérieux, si profonds déjà et de beaux cheveux blonds bouclés. Quelle fraîcheur ! Quand même tu ne voulais pas en convenir, tu l'aimais de tout ton cœur.

*M*ᵐᵉ *DUPREY*. — Oui, Marie, c'est vrai. Que veux-tu? l'enfant de Robert !

*M*ᵐᵉ *SERVIÈRES*. — C'est là, aux Champs-Élysées, qu'il a fait la seule photographie qu'il ait d'elle, près de la voiture aux chèvres. C'est tout ce qui reste du Robert d'autrefois, la photographie d'une petite fille qu'il a aimée et perdue.

(On entend un bruit de voix sur la terrasse, à gauche.)

Entrent par la terrasse Robert et Perdita. Il est grand, robuste, rasé, il porte un complet de couleur claire avec culotte, bas et grosses bottines. Elle est de taille moyenne, mince, souple, la démarche assurée. Ses cheveux sont châtains avec des reflets dorés. Elle porte une jupe courte et un golf de couleur vive.

*M*ᵐᵉ *SERVIÈRES*, *les regardant, tandis qu'ils arrivent du fond de la terrasse, à gauche.* — Ah ! le beau couple ! Comme ils ont l'air heureux !

ROBERT. — Vous êtes encore là ! Tant mieux. Tante Marie, je te présente ce qu'il y a de mieux à Saint-Moritz, mon amie Perdita.

*M*ᵐᵉ *SERVIÈRES*, *se levant et allant à*

Perdita. — Mademoiselle, je suis ici depuis bien peu de temps, mais je vous connais déjà.

PERDITA, elle a une voix harmonieusement modulée avec, par moment, un accent grave et prenant. — Je vous connais aussi, madame ; Robert (*En entendant appeler son fils, Robert, Mme Duprey a un sursaut.*) m'a souvent parlé de vous. (*A Mme Duprey.*) Bonjour, madame, est-ce que votre tricot avance?

Mme DUPREY, la saluant, mais sans se lever. — Mais oui, mademoiselle, comme vous voyez, j'y travaille sans cesse.

PERDITA, à Robert. — Vous dites que je peux faire tout ce que je veux. Eh bien, je serais incapable de tricoter. (*A Mme Duprey.*) Peut-être qu'un jour où il pleuvra et où il fera triste, vous voudrez bien m'apprendre?

Mme DUPREY. — Ce n'est pas de votre âge, mademoiselle. Quand vous serez une vieille dame comme moi, il sera temps d'y penser.

Mme SERVIÈRES. — Est-ce que vous avez fait une belle promenade?

PERDITA. — Magnifique. Nous avons été à Sils Maria voir la maison de Nietzsche. C'est une espèce de pèlerinage. Il a vécu là, très pauvre, les derniers étés de sa vie. C'est nu, c'est misérable, et c'est très émouvant.

Mme SERVIÈRES. — Comme vous parlez bien français, mademoiselle ! Vous n'avez pas l'ombre d'accent.

PERDITA. — Mais je suis née en France ; ma mère et mon père étaient Français. Ils sont morts tous deux.

Mme SERVIÈRES. — Eh bien, je suis enchantée, mademoiselle, que vous soyez notre compatriote.

Mme DUPREY. — Et vous voyagez toujours ainsi, un jour à Saint-Moritz, le lendemain ailleurs?

PERDITA. — Mais oui. Comment peut-on se fixer quelque part quand le monde est si grand? J'en ai déjà fait le tour et je ne le connais pas. Aussi pour l'instant, je me laisse vivre un peu au hasard. C'est assez agréable. Je ne sais pas ce que sera demain, et je n'ai pas de projets.

Mme SERVIÈRES. — Aux voyages près, c'est exactement l'état d'esprit de la jeune fille française avant qu'elle se marie : elle ne sait rien, elle n'a pas de projets. Elle attend que son mari sache et projette pour elle.

PERDITA, riant. — Seulement, moi, je ne pense pas à me marier.

Mme SERVIÈRES. — On ne pense pas à se marier, et puis un beau jour on se réveille mariée, tout de même.

PERDITA. — Je prie les dieux de détourner de moi cette calamité... Le mariage ! Quand on y est forcé, je comprends. Mais je suis libre ; je suis jeune ; j'ai de quoi vivre à ma guise. Pourquoi irais-je me mettre en prison?

Mme DUPREY. — Voyons, mademoiselle, comment êtes-vous arrivée à penser ainsi?

PERDITA, de bonne humeur. — Je vous scandalise et pourtant je n'en ai nulle intention. Mais sur ce point qui est si sérieux, je n'ai eu qu'à regarder autour de moi pour me faire une

opinion. Où ai-je vu des mariages heureux?
Nulle part. Ma mère? mariée trois fois, ce qui
prouve qu'aucun de ces mariages n'était un
succès. Mon dernier beau-père était de beaucoup
le meilleur de tous. Quand il est devenu veuf,
il m'a gardée près de lui. Imaginez-vous qu'il
avait la manie du mariage. Lorsque j'ai eu
atteint dix-huit ans, il s'est mis en tête de
m'épouser à mon tour. Je lui ai ri au nez. Six
mois, après, il est mort, pas de mon refus, mais
de la goutte et il m'a laissé sa fortune. Au fond,
c'était un homme très gentil ; mais dans le
mariage, disputes constantes.

*M*ᵐᵉ *SERVIÈRES.* — On ne peut tout de
même pas vivre seule?

PERDITA. — J'espère bien que non. Mais
je pense que la seule idée d'un lien légal entre
deux êtres, du reste bons, finit par en faire des
gens enragés.

*M*ᵐᵉ *SERVIÈRES.* — Allons, mademoiselle,
vous êtes très jeune. Vous avez le temps de
changer d'idées.

PERDITA, souriant. — Vous croyez que je
finirai mal?

*M*ᵐᵉ *SERVIÈRES.* — Je vous le souhaite.

*PERDITA, allant à Robert qui s'est assis au
second plan dans un grand fauteuil d'osier.* — Eh
bien, vous ne venez pas à mon secours?

ROBERT. — Vous êtes de taille à vous
défendre.

(*Ils continuent à causer au second plan.*)

*M*ᵐᵉ *DUPREY, s'approchant de sa sœur.* —

Eh bien, Marie, tu as entendu? Elle l'appelle Robert. Quelle familiarité !

Mme *SERVIÈRES*. — Tant mieux. Je la trouve charmante. Elle m'a plu tout de suite. Il y a en elle quelque chose de sain, de franc, qui attire. Et puis, comme elle est jolie !

Mme *DUPREY*. — Allons bon, voilà qu'elle a fait ta conquête ! (*Regardant sa montre.*) Presque cinq heures, il nous faut partir. (*De sa place à Robert et à Perdita.*) Restez-vous ici?

ROBERT. — Mais oui, nous allons goûter aussi. Vous voulez bien, Perdita?

PERDITA. — Avec plaisir. J'ai faim.

Mme *DUPREY*. — Alors, nous vous retrouverons peut-être. A tout à l'heure.

> (*Elle sort à gauche par l'entrée de l'appartement.*)

Mme *SERVIÈRES*, *allant à Perdita*. — Au revoir, mademoiselle. Vous me plaisez beaucoup. J'espère que nous nous reverrons souvent.

PERDITA. — Oh ! nous ne nous quittons guère, Robert et moi. .

Mme *SERVIÈRES*. — Tant mieux. A bientôt, mademoiselle.

> (*Elle suit sa sœur.*)

PERDITA. — Elle est aimable, votre tante.
ROBERT. — Je l'aime beaucoup.

> (*Il se lève et va sonner pour le thé.*)

PERDITA. — Votre mère est très bien aussi, mais je sens que je lui fais un peu peur.

ROBERT, *gaiement*. — C'est tout naturel. Vous venez on ne sait d'où. Et vous avez un si joli surnom, Perdita, que personne ne pense à demander votre nom. Vous êtes ce qu'on appelle très intelligente ; vous avez, si jeune, tout lu. Et vous avez vos idées, oh, vos idées bien à vous, sur les choses ! si nettes, si courageuses, c'est charmant. Mais croyez-vous qu'il n'y ait pas là de quoi inquiéter une brave bourgeoise comme ma mère ?

PERDITA. — Et peut-être aussi le fils de votre mère.

ROBERT. — C'est un peu plus difficile. Le fils de ma mère, comme vous dites, n'aime pas beaucoup s'arrêter aux apparences. Il aime aller un peu plus loin.

PERDITA. — Et que découvre-t-il plus loin ?

ROBERT. — Il vous le dira un jour ou l'autre, et peut-être plus tôt que vous ne le voudrez. Et puis, il y a une raison encore pour que ma mère s'alarme à votre sujet.

PERDITA. — Laquelle ?

ROBERT. — Ne voit-elle pas que vous essayez de lui enlever son fils ?

PERDITA. — La belle invention que vous avez là !

ROBERT. — Invention est vite dit. Elle a des yeux qui vous voient toujours près de moi. Sans doute je m'attache à vos pas, comme on dit en style noble. Tout de même, vous ne me fuyez pas. Vous ne voudriez pas qu'elle considérât son fils autrement que comme irrésistible. Alors elle craint les suites nécessaires de ce double attachement.

PERDITA. — On ne sait jamais si vous plaisantez.

ROBERT. — Ce doute donne de l'agrément à la conversation. Avouez-le... (*Entre un garçon. A Perdita.*) Du thé?... Ou un cocktail peut-être? Il faisait froid sur la route au retour.

PERDITA. — Un cocktail ! Vous voulez me griser. Qu'entendez-vous faire de moi?

ROBERT. — Vous le verrez bientôt ! (*Au garçon.*) Deux manhattan, et quelques sandwiches au jambon.

(*Sort le garçon.*)

PERDITA, s'asseyant dans un fauteuil près de celui de Robert. — Savez-vous qu'il m'a fallu tout le trajet en voiture, de Sils Maria ici, pour comprendre ce qu'il y a d'étonnant dans ce que nous avons vu? Dans ce pays où tout est lumière, espace, rayonnement, Nietzsche est venu se blottir dans une chambre étroite, basse, mal éclairée et à deux pas de laquelle une paroi de rochers ferme l'horizon. Pouvez-vous m'expliquer cela, vous qui comprenez tant de choses?

ROBERT. — J'aimerais mieux écouter votre explication.

PERDITA. — Pour vous moquer de moi encore une fois... Enfin, ça m'est égal et je vous dirai tout de même ce que je pense. Un homme comme Nietzsche n'a pas besoin d'un décor extérieur pour s'émouvoir. C'est en lui-même qu'il regarde ; c'est en lui qu'il trouve les sommets d'où l'on a le vertige et les gouffres qui vous attirent. Tandis que nous, pauvres gens, pour avoir la même sensation, nous

sommes obligés d'aller jusqu'au bord d'un précipice et de nous pencher sur l'abîme.

ROBERT, un peu gouailleur. — Pas mal, pas
mal, en vérité.

PERDITA. — Voilà que ça commence.
Vous êtes insupportable.

ROBERT. — Mais non. D'abord, j'aime tout
ce que vous dites, les choses sérieuses et les
autres aussi, dont vous n'êtes pas ménagère.
La raison en est bien simple. J'aime votre voix.
Tout ce qu'elle dit me touche, indépendamment
du sens des mots.

PERDITA. — Je ne sais si je dois prendre
cela pour un compliment ou pour une imperti-
nence.

ROBERT. — Acceptez-le en toute simplicité,
comme je le dis. Mais votre idée me plaît, décidément. Peut-on vous demander si au cours de
ce long voyage autour du monde vous vous êtes
trouvée au bord d'un précipice? Vous êtes-vous
penchée sur l'abîme?

PERDITA. — A dire vrai, non. Pourtant il
doit y avoir quelque chose de délicieux lorsqu'on
sent qu'on perd la tête et qu'on va cesser de
s'appartenir. Cela a dû vous arriver.

ROBERT. — Oh ! moi, j'ai vu le monde aussi
et j'ai employé à m'instruire un grand nombre
d'années. Alors j'ai été, en effet, quelquefois,
quand j'étais très jeune, au bord de précipices,
oh ! des petits précipices de rien du tout où je me
laissais aller sans vertige avec la certitude de
tomber en toute sécurité et de ne me rien casser
dans ma chute.

PERDITA. — Aucun risque. C'est très médiocre.

ROBERT. — En effet.

PERDITA. — Il me semble que là où il y a un risque, tout devient beau et noble par cela même, et plus le risque est grand, plus l'action est belle.

ROBERT. — La vie dangereuse.

PERDITA. — Elle a quelque chose d'attirant. Comment peut-on penser toujours à sa sûreté sans devenir quelqu'un de très médiocre !

ROBERT. — Mais faut-il encore voir le danger pour que cela ait un sens. Avez-vous des yeux qui sachent le discerner, Perdita?

PERDITA. — Il me semble que oui !

(Entre le garçon qui coupe la conversation. Il pose un plateau avec les cocktails et les sandwiches sur la table, près de Perdita, puis il sort.)

ROBERT, se levant et tendant un verre à Perdita. — Et maintenant, grisons-nous !

(Elle trempe ses lèvres dans le verre.)

PERDITA. — Il y a une chose qui m'étonne en vous. Vous êtes encore jeune...

ROBERT, l'interrompant. — Encore, n'est pas aimable.

PERDITA. — Et vous ne faites rien? Vous n'avez pas d'occupation?

ROBERT. — Je vis ; trouvez-vous que ce n'est rien? Cela me paraît une entreprise formidable si on veut la mener à bien.

PERDITA. — Enfin, vous n'avez ni profession ni carrière?

ROBERT. — Je vous demande pardon. J'ai cessé tout récemment d'être une des étoiles de troisième ordre du ministère des Affaires Étrangères.

PERDITA. — Et vous vivez maintenant dans l'oisiveté. Cela est surprenant. Je viens des États-Unis où j'ai passé ces six dernières années. Là-bas, tout le monde travaille, et les riches avec plus de fièvre encore que les autres, car, ayant de l'argent, ils ne pensent qu'à en avoir davantage. Je n'aime pas ces gens-là ; j'ai compris que s'ils travaillaient, c'est qu'ils ne peuvent vivre autrement, car, oisifs, ils périraient d'ennui ; ils ne se suffisent pas à eux-mêmes. Ils font du travail une chose sacrée et ils oublient que c'était un châtiment.

ROBERT. — Un châtiment?

PERDITA. — Mais oui, le châtiment de la première faute. « Tu gagneras ton pain, à la sueur de ton front. » Eh bien, il me plaît beaucoup de voir que vous avez le courage de votre oisiveté. Il faut être fort pour ne pas travailler.

ROBERT. — Je n'ai pas toujours été aussi bien que je suis maintenant. Il m'a fallu beaucoup de temps pour devenir un homme libre. Quand j'étais jeune, j'ai partagé la folie de vos Américains. J'ai travaillé comme ils faisaient travailler les nègres. Votre chance a été de me rencontrer au moment où je suis à mon point de perfection.

PERDITA. — Je ne sais pourquoi l'ironie

un peu agaçante que vous employez ne me déplaît pas.

(Elle enlève son chapeau.)

ROBERT. — C'est une façon de se défendre.

PERDITA. — Vous ne direz tout de même pas que c'est moi qui vous attaque?

ROBERT. — Mais certainement. N'êtes-vous pas un miracle de coquetterie? Ne mettez-vous pas à vous arranger un art exquis? Le moindre de vos gestes est calculé pour me séduire. Tenez, vous savez que je vous préfère mille fois sans chapeau, car j'aime votre front étroit et volontaire et vos cheveux qui ondulent librement. Eh bien, à la minute même, vous venez d'enlever votre chapeau.

PERDITA. — Vous êtes absurde.

ROBERT. — Vous voulez me plaire, c'est l'évidence même, et vous y réussissez merveilleusement. Je tâche à vous plaire aussi, mais je ne réussis peut-être qu'à vous amuser. Du reste, les moyens que j'emploie sont bien éloignés des vôtres.

PERDITA. — Je serais curieuse de vous entendre me les expliquer. Je me perds un peu dans le jeu que vous jouez.

ROBERT.—Voilà, c'est à la fois très simple et très difficile. Je m'efforce d'être moi-même, de ne représenter aucun personnage, de ne rien dire de plus que ce que je sens, de rester même un peu au-dessous, par une peur horrible que j'ai de l'emphase ; je ne cherche pas à paraître ceci ou cela, je veux que ce soit moi, moi tout seul qui vous attire et vous gagne. Etre vrai et sincère, vous n'imaginez pas combien la tâche est malaisée.

PERDITA. — Je n'aurais pas cru que cela vous coûtât tant d'efforts.

ROBERT. — Puisque j'ai un accès de sincérité, écoutez jusqu'au bout. Il y a une politique dans tout cela, un calcul raffiné. Un instinct profond me dit que c'est en agissant ainsi que j'ai le plus de chances de vous toucher. Je vous connais déjà mieux que vous ne le pensez, Perdita. Il y a des femmes qui désirent être trompées, qui veulent la belle musique des paroles mensongères qui leur ont servi de toute éternité à se donner une excuse pour céder à leurs désirs ou à leurs passions. Vous n'êtes pas de celles-là. Vous détestez la feinte, la ruse et l'exagération. Aussi je vous joue, Perdita, l'air que vous aimez le mieux. Vous voyez que je puis combiner un plan pour m'assurer la victoire... Enfin, je vous avoue aussi que cet air-là qui vous touche est le seul que je sache et qui me plaise.

PERDITA, plus émue qu'elle ne veut le laisser paraître. — Serait-il vrai? (*Elle rêve un instant.*) J'aime ce que vous avez dit de la sincérité. Je ne mets rien au-dessus.

ROBERT. — C'est un préjugé. C'est peut-être tout simplement par peur des complications que je suis sincère. Rien ne me paraît plus difficile que de mentir avec suite. S'il n'était pas si ardu à soutenir, le mensonge aurait de grandes beautés.

PERDITA, très simplement. — Je n'aime pas

vous entendre parler ainsi. Je voudrais qu'avec moi, vous fussiez toujours sincère.

ROBERT. — Je ne puis refuser une demande faite sur ce ton. Alors, vous voulez une grande sincérité entre nous, — c'est la condition de notre entente. Il faudra tout dire, ne rien cacher? C'est beaucoup exiger. Est-ce bien sage?

PERDITA. — C'est pourtant cela que je désire.

ROBERT. — Il y a un proverbe anglais qui est ainsi : « Ne me pose pas de questions, et je ne te dirai pas de mensonges. » Eh bien, déclarons au contraire que, quand vous voudrez savoir quelque chose sur moi, vous me le demanderez. Et je m'engage à répondre selon la vérité. Mais, attention ! c'est la boîte de Pandore que je vous donne là. Il est toujours dangereux de l'ouvrir. Souvenez-vous de ce qu'il en a coûté à Pandore, à Psyché, à la femme de Barbe-Bleue.

PERDITA. — Cela ne me fait pas peur.

ROBERT. — Et pour le reste, je ne tomberai pas dans le ridicule de vous raconter une vie qui ne vous intéresse pas.

PERDITA. — Je n'aime pas le mensonge.

ROBERT. — C'est parce que vous êtes jeune et fière et que vous n'avez rien à cacher. (*Un temps.*) Il semble qu'il y ait deux personnes en vous. Vous avez déjà une grande culture ; vous avez un jeu vif de l'esprit, une façon de voir les choses qui est à vous, un caractère formé, et alors vous êtes une femme. Et puis tout à coup, il y a dans vos paroles un accent si jeune, si frais, un mot qui sonne si simplement que je ne sais plus si ce n'est pas une petite fille encore que j'ai en face de moi.

PERDITA. — J'ai dix-neuf ans.

ROBERT. — Dix-neuf ans ! Que vous êtes jeune ! Dix-neuf ans ! (*Il réfléchit un instant, sa figure change d'expression, il se répète à lui-même:* Dix-neuf ans !

PERDITA. — Qu'est-ce qui vous arrête?

ROBERT, *revenant à son premier ton gai*. — Mais votre âge. On n'a pas dix-neuf ans !

PERDITA. — Que voulez-vous que j'y fasse?

ROBERT. — Notez que je ne vous l'ai pas demandé. Vous me l'avez dit toute seule. En voilà une confession que je ne ferais pas volontiers.

PERDITA. — En quoi cela m'intéresse-t-il? Vous croyez que cela veut dire quelque chose l'âge que l'on a sur son acte de naissance?

ROBERT. — Vous êtes la sagesse même. Cela ne veut rien dire du tout. (*Perdita se lève et va jusqu'à la balustrade au fond de la terrasse. Robert s'allonge sur la chaise longue et la regarde.*) Ah ! voici le soleil qui se couche sur les Alpes. Comme tout est paisible. Je suis heureux, Perdita. (*Perdita reste immobile à contempler le paysage.*) A chaque jour, presqu'à chaque heure, je me sens plus près de vous. Que vous êtes belle dans la lumière du soleil qui baisse ! Vos cheveux se dorent dans les rayons qui les traversent. Vous voilà presque blonde maintenant.

PERDITA, *dans le fond*. — J'étais blonde quand j'étais enfant.

ROBERT. — Perdita, ma petite amie, pourquoi ne venez-vous pas près de moi? (*Elle ne bouge pas.*) Alors, c'est moi qui irai à vous. (*Il va à Perdita. Il passe un bras autour de la taille de la jeune fille. Elle ne montre aucune surprise. Il la ramène doucement près de la chaise longue et la gardant toujours dans ses bras.*) Perdita, je suis au bord du précipice. (*Il se penche sur elle.*) Ah ! quel vertige !... C'est délicieux!

PERDITA, avec un mouvement de pudeur. — Laissez-moi, laissez-moi.

ROBERT. — Je vous aime, oui, tout simplement ; il faut bien finir par vous le dire. Une force inexplicable dès le premier jour m'a attiré à vous et maintenant je ne puis me passer de votre présence. D'où que vous veniez, nous sommes de la même race, Perdita. Tout ce que je m'efforce d'être avec tant de peine, sincère envers moi-même et envers les autres, ouvert à la vie, ennemi de l'hypocrisie, tout cela vous l'avez, par quel miracle? réalisé en vous, si jeune, sans effort. Et puis, vous êtes belle, de la seule beauté qui me touche, de celle où le corps n'est que l'expression de l'âme. Petite Perdita que le hasard a amenée sur mon chemin, il ne faut plus vous en aller. Vous resterez près de moi... Vous voyez, je vous parle bien simplement, quelquefois avec des mots trop grands, quelquefois avec des mots trop petits... Mais je vous aime, Perdita. C'est une folie, sans doute, vous si jeune et moi déjà au milieu de ma vie. Perdita, répondez-moi, je vous prie... Je suis là près de vous, dans votre odeur... Perdita, Perdita, non, ne dites rien, je vous en supplie.

(*Il l'attire à lui. Elle ne résiste pas. Il la baise
sur les lèvres.*)

PERDITA, se redressant. — Le vertige !... Je
vous aime aussi, Robert, et dès le premier jour.

*ROBERT, se levant et tenant les deux mains de
Perdita. Sur un ton à la fois tendre et gai.* — Alors
nous allons faire un beau voyage !

PERDITA. — Un beau voyage qui a un commencement aujourd'hui, et qui aura une fin, je
ne sais quand...

ROBERT. — Que dites-vous là?

PERDITA. — La vérité, mon ami. Vous avez
vécu. Vous avez aimé d'autres femmes avant de
m'avoir trouvée. Vous en rencontrerez d'autres,
après m'avoir quittée. Pourrais-je avoir la naïveté de croire que je saurai vous garder pour
moi seule? Je l'essaierai pourtant. Mais réussir,
réussir, tout est là... Bah ! Qu'importe? je suis à
vous sans conditions.

ROBERT. — Tant de sagesse en une tête si
jeune !

PERDITA. — Tant de folie, voulez-vous dire.
Mais la folie me paraît grande et belle. J'étais
sur le seuil de la vie, j'entre.

ROBERT. — Vous êtes celle qu'on aime toujours. Notre bonheur sera un défi aux dieux.

PERDITA. — Ne rêvez pas, mon ami. Je suis
une petite fille qui a tout lu et ne sait rien, une
fille naïve, maladroite, ignorante, mais qui n'a
qu'un désir : vous rendre heureux. Il vous faudra
de la patience avec moi.

ROBERT. — Et vous devrez en avoir beaucoup avec moi aussi. Nous nous lançons dans la plus grande entreprise du monde. Vivre à deux n'est pas chose simple. Les débuts sont difficiles. Faites-moi un peu de crédit jusqu'à ce que je vous gagne toute, corps et âme, et qu'il n'y ait rien en vous qui ne soit heureux par moi. (*Il s'arrête et réfléchit.*) Mais dites donc, Perdita, vous êtes une jeune fille.

PERDITA, souriant. — Faut-il m'en excuser?

ROBERT. — Une jeune fille ! C'est inouï !... Me croirez-vous? Je n'y avais pas pensé. Suis-je assez stupide? Mais je n'ai pas l'habitude, vous comprenez. Une jeune fille ! Ah ! c'est délicieux ; comment peut-on aimer une femme?... Une jeune fille, un être qui n'a appartenu à personne... Non, je vous demande pardon. Ce n'est pas cela que je voulais dire... Mais, Perdita, une jeune fille...

PERDITA. — Eh bien?

ROBERT, à demi-voix. — Une jeune fille, mais ça s'épouse... Quelle histoire !

PERDITA. — Croyez-vous que ce soit une histoire nécessaire?

ROBERT. — Sans doute, c'est même hors de discussion.

PERDITA. — Je ne voudrais pas discuter avec vous, et surtout aujourd'hui. Mais je n'en suis pas convaincue. Ne pouvez-vous m'aimer telle que je suis, sans notaire, sans maire, sans curé?...

ROBERT. — Vous ne connaissez pas la vie, Perdita...

PERDITA, *l'interrompant.* — Plus que vous ne croyez. N'ai-je pas vu les mariages successifs et malheureux de ma mère? N'est-ce pas une leçon suffisante? J'avais à peine douze ans, je me suis juré que je serais très heureuse et que je ne me marierais jamais. Et voyez, je pensais qu'avec vous qui êtes, je le sais, un homme d'esprit vraiment libre, je réaliserais ce que je m'étais promis.

ROBERT, *la prenant dans ses bras.* — Vous êtes délicieuse, Perdita, et pure comme le cristal. Je lis en vous, mais la société a ses exigences. Nous ne sommes, ni vous ni moi, des révoltés, mais des gens très simples, très sincères, à la recherche du bonheur. Vous verrez qu'il n'est pas si terrible que cela d'être ma femme.

PERDITA. — Peut-être, mais plus tard, je vous en prie. Soyons heureux sans penser à autre chose. (*Gaiement.*) Il sera toujours temps de mal finir.

ROBERT. — Vous êtes courageuse, Perdita, et je vous en aime davantage.

PERDITA. — Ce que vous me dites me donne déjà raison, mais je vous assure qu'il ne me faut pas beaucoup de courage pour remettre mon bonheur entre vos mains.

ROBERT, *avec poids.* — Vous me créez aujourd'hui des devoirs plus grands envers vous, et, les ayant pesés, je les accepte. (*Plus légèrement.*) Eh bien, soit, puisque vous le voulez, nous débuterons par l'aventure. Je vous enlève. Mais, croyez-moi, nous choisissons ainsi un chemin un peu plus long, le chemin des écoliers, seument vous savez où il mène? A l'église. Il me semble que ce chemin ne passe pas très loin de nous, — là, au sud, par les lacs italiens qui sont derrière ces montagnes. L'automne qui vient y est admirable. Vous voulez le prendre? Soit. Quand partons-nous?

PERDITA. — Nous partirons quand vous voudrez. Nous irons où il vous plaira.

ROBERT. — Le monde est à nous !

RIDEAU

ACTE II

A Paris, chez Robert Duprey.
*Un cabinet de travail élégamment meublé, beaucoup de
livres au mur. Quelques beaux tableaux modernes. Des
fauteuils et un divan de cuir à gauche. Une petite bibliothèque tournante près du divan. Une grande table bureau
à tiroirs, au milieu, avec une lampe électrique. Une porte
dans le fond; à droite, en pan coupé, une grande fenêtre.
Une porte à droite.*

*(Sur le divan est étendu Robert. Perdita est assise
sur le divan à côté de lui. Il est deux heures et
demie de l'après-midi.)*

PERDITA. — Quelle date avons-nous, Robert?

ROBERT. — Je ne sais pas, le 10 ou le 11, je
crois.

*PERDITA, prenant un journal plié sur la
bibliothèque tournante.* — Nous sommes le 15, le
15 novembre. Ça ne te dit rien, cette date du 15?

ROBERT, cherchant. — Le 15?... Non.

PERDITA. — Eh bien, il y a trois mois, jour
pour jour, que nous avons quitté Saint-Moritz.

ROBERT. — Trois mois, vraiment. Quand j'y
songe, il me paraît alternativement ou que c'était
hier, ou que ça se perd dans la nuit des temps, car
ai-je vécu avant de te connaître?

PERDITA, se penchant sur lui. — Je t'aime.

ROBERT, se redressant. — Tu te souviens de notre conversation sur la terrasse. Je t'avais demandé de me faire crédit.

PERDITA. — Tu as payé plus que tu n'avais promis.

ROBERT, récitant. — « Et les fruits ont passé la promesse des fleurs. » Alors, Perdita, tu ne regrettes rien?

PERDITA. — Je t'aime.

ROBERT. — Et toi, si indépendante, qui as vécu dans des pays divers, qui n'as subi aucune discipline, toi, dont l'esprit est aussi libre que l'oiseau dans les airs, tu as accepté cette vie de famille à Paris, avec ma mère et ma tante dans un appartement voisin et communiquant.

PERDITA. — Elles ont été si bonnes pour moi, malgré l'irrégularité de notre position.

ROBERT. — Elles savaient bien où nous allions et elles avaient raison, puisque ma Perdita chérie sera dans peu de temps Mme Robert Duprey.

PERDITA. — Mme Robert Duprey ! Cela a quelque chose d'effrayant. Il a bien fallu que ce fût toi pour me faire manquer aux promesses que je m'étais faites ! Et avec quelle rapidité vous m'avez menée, monsieur, où vous le vouliez. Ah tu sais, Robert, je suis un peu inquiète tout de même ! Etre mariée. Je ne sais pas, il me semble que cela porte malheur. Je n'ai jamais vu des gens mariés qui ne le regrettent au moins une fois par jour. Tu es sûr, bien sûr que nous serons aussi heureux que maintenant?

ROBERT. — Entre toi et moi, il y a des liens plus solides : nous nous aimons. Le reste, c'est des arrangements pour les autres.

PERDITA. — Ecoute, lorsque nous serons mariés nous nous appliquerons à l'oublier. Nous ne prendrons pas un air sérieux, nous ne nous fixerons pas à jamais ici. Il nous faut voyager encore. Tu l'as dit : je suis comme un oiseau de haute mer. Nous irons très loin, jusqu'où l'on se perd. Je suis moi-même une espèce de fille perdue qui ne sait d'où elle vient.

ROBERT. — Nous irons dans des pays lointains où il n'y a pas d'Européens. As-tu lu le livre de Stevenson sur les îles du Pacifique : *Dans les mers du Sud?*

PERDITA. — Je l'ai lu et je l'aime.

ROBERT. — Ce livre a toujours exercé sur moi une sorte de fascination. J'ai rêvé que je visitais ces îles de lumière et que je vivais avec nos grands frères primitifs. Te souviens-tu de l'extraordinaire roi Tembinok qui joue au poker avec ses femmes et qui, usant de son autorité royale, se fait donner deux mains? Ainsi gagne-t-il toujours, comme il convient à un roi, et reprend-il à ses épouses le tabac dont il leur a fait présent. Voudrais-tu me suivre jusque là-bas?

PERDITA. — Tous les deux seuls, loin du monde !

ROBERT. — Eh bien, il faut y penser très sérieusement, ma petite Perdita. Nous vivrons avec ce projet d'abord à Paris pendant l'hiver : nous lirons les livres des voyageurs, nous consulterons les cartes, nous croirons y être déjà et

le printemps venu, si rien n'arrive, nous partirons.

PERDITA. — Si rien n'arrive? Que veux-tu
dire?

ROBERT. — Il est sage de faire sa part au
destin. Toi qui sais tout, n'as-tu jamais entendu
parler d'une très méchante déesse, la Némésis?
Ne vois-tu pas que le couple que nous formons
est, comme je le disais déjà à Saint-Moritz, un
vivant défi aux dieux. Prends garde qu'ils ne se
vengent.

PERDITA. — N'essaie pas de m'alarmer,
Robert. Tant que je suis près de toi je ne crains
rien et, comme il est au delà des forces humaines
de nous séparer...

ROBERT, à moitié sérieux. — Imprudente,
imprudente, ne défie pas les dieux !

PERDITA. — Je n'aime pas t'entendre parler ainsi, mon amour. J'étais heureuse et gaie,
voilà que tu vas me rendre triste. Tu m'as crue
courageuse, mais je fais seulement semblant d'être
brave ; au fond je suis une toute petite fille qui
s'effraie vite maintenant qu'elle est heureuse.
Autrefois, avant de t'avoir rencontré, c'était un
sentiment qui m'était étranger. Quel danger
pouvais-je courir? Je ne le voyais pas. Il me
semblait que j'étais assez forte pour supporter
tout ce qui pouvait arriver. Mais aujourd'hui,
j'ai peur parce que j'ai quelque chose de précieux
à conserver et qu'il me faut le défendre. Quand
on y réfléchit, il y a tant de forces cachées qui
travaillent contre nous, tant de mystères redoutables qui nous entourent. Je crois te connaître,

mais que sais-je de toi? Je connais le Robert qui est venu à moi il y a si peu de temps et qui a su trouver le chemin de mon cœur. Mais il y a eu un Robert qui a vécu quand je n'existais même pas.

ROBERT, plaisantant à moitié. — Ce Robert essayait, à travers mille transformations douloureuses et au prix de mille efforts, de devenir enfin le Robert que tu peux aimer.

PERDITA.—Ah! je ne veux pas penser à ton passé. Il doit être plein de choses et de gens que je déteste. Je chasse ces idées loin de moi. Elles reviennent sans que je le veuille et me poursuivent. Si tu savais ce que cela me fait de peine parfois... Je ne t'en ai jamais parlé, mais j'en souffre tout de même.

ROBERT, venant à elle, très tendrement. — Allons, petite fille que tu es, ne laisse pas les morts venir te troubler.

PERDITA. — Imagine-toi, Robert, que je n'ai pas peur des vivants. Je ne redoute personne et il me semble — c'est peut-être beaucoup d'orgueil — que je saurai te garder toujours. Mais le passé, tout ce qu'il y a de trouble dans le passé, tout ce que l'on ne connaît pas et qui, d'être inconnu, prend tant de puissance, j'en sens le poids sur nous à bien des moments, quelquefois dans tes regards, quelquefois dans un mot qui t'échappe, mais plus souvent dans tes silences. Ce mystère toujours présent m'accable. Je tremble à l'idée de ce qui peut en sortir. Qui verrai-je s'avancer tout à coup et te regarder comme quelqu'un qui n'ignore rien de toi?

ROBERT.— Mais, Perdita, qu'imagines-tu là?

PERDITA. — Rien, hélas ! qui ne soit possible.

ROBERT. — Tu te trompes. Personne n'a de droits sur moi. J'étais libre, libre entièrement quand je t'ai connue.

PERDITA. — Je veux qu'il en soit ainsi, car je sais que tu es un homme droit. Mais ce passé que je redoute, il vit encore dans ta mémoire. Quelles vivantes est-ce que je frôle dans la rue et qui sont venues ici, dans cet appartement même? Je voudrais tout savoir de toi pour me débarrasser à jamais de la crainte d'avoir quelque chose à apprendre.

ROBERT. — Ah ! si tu savais combien ce qui t'inquiète est peu de chose... Il n'y a là que des cendres que le vent a dispersées. Seuls les faibles regardent en arrière. Ne me range pas parmi eux, je te prie; mes yeux se tournent vers le présent où je te trouve.

PERDITA. — Es-tu sûr qu'il n'y a plus rien qui brûle encore sous ces cendres ? Quoi, parmi toutes celles que tu as connues avant moi, pas une figure n'a conservé pour toi quelque charme?

ROBERT. — Où allons-nous, Perdita? Dans quelle étrange conversation nous engages-tu aujourd'hui?

PERDITA. — C'est sans doute parce que nous habitons maintenant cette maison où tu as toujours vécu, où d'autres sont venues.

ROBERT. — Il faut que tu sois assez sage pour écarter de toi ces pensées. Pour moi, je n'ai pas à lutter contre elles, car elles ne se présentent plus à mon esprit.

PERDITA. — Tu as souffert pourtant autrefois. N'en as-tu pas gardé le souvenir? Je voudrais partager même tes peines anciennes. Ce serait une façon de me rapprocher encore de toi, d'être jusqu'au fond de ta pensée.

ROBERT. — Comme tu sais aimer, Perdita !

PERDITA. — Tu m'exclus de ta vie d'autrefois. Crois-tu que je ne pourrais en supporter l'évocation?

ROBERT. — L'erreur et la vérité se mêlent dans tes paroles. Je devrais ne pas te suivre sur le terrain où tu veux m'entraîner. Et pourtant, je sens bien que tu ne te satisferas pas de mon silence. Et puis, il y a une chose, peut-être, qu'il faut maintenant que je te confie.

PERDITA. — Ah ! tu vois bien, je ne me trompais pas !

ROBERT. — Attends...J'ai longtemps hésité à t'en parler. C'est un sujet qui m'est encore douloureux et que j'ai chassé loin de moi depuis que je te connais. Mais aujourd'hui, puisque tu fais appel à ma loyauté, toi si pure, si droite, il faut bien que j'y arrive. Et, du reste, ce que je vais te dire, tu peux l'entendre sans en souffrir, car il s'agit non pas d'une femme, mais d'un enfant.

PERDITA. — Je ne comprends pas.

ROBERT. — Nous avons vécu dans un tel enivrement que je n'ai pas trouvé l'occasion de t'ouvrir mon cœur, et que, l'eussé-je trouvée, je n'en aurais peut-être pas eu le courage. Perdita, il n'y a rien dans mon passé qui puisse t'inquiéter et le seul souvenir que tu y rencontreras est celui de ma fille.

PERDITA. — Ta fille, que veux-tu dire?

ROBERT. — J'ai eu une fille, il y a longtemps.

PERDITA, *vivement*. — Tu as été marié et tu ne me l'as pas dit !

ROBERT. — Je n'ai pas été marié.

PERDITA, *douloureusement*. — Ah !

ROBERT. — J'étais tout jeune. J'ai eu une liaison avec une femme mariée, mais qui était séparée de son mari.

PERDITA. — Mais ta fille, où est-elle? Pourquoi me l'as-tu cachée?

ROBERT. — Hélas, je l'ai perdue. Sa mère me l'a enlevée quand elle était toute petite. Elle a profité de ce que j'étais absent de Paris, à l'ambassade de France à Berlin, pour disparaître avec son enfant. Elle a passé à l'étranger. Et malgré toutes mes recherches, je n'ai pu les retrouver. Cette petite aurait dix-neuf ans, si elle vit encore.

PERDITA. — Mon âge... Comment s'appelait cette femme?

ROBERT. — Madame Cazes.

PERDITA. — Madame Cazes !... Et tu as vécu longtemps avec elle, ici peut-être?

ROBERT. — Je n'ai pas vécu avec elle, ni ici, ni ailleurs. J'habitais chez mes parents.

PERDITA. — Et cette liaison a duré longtemps?

ROBERT. — Quatre ans.

PERDITA, *se levant, fait quelques pas et reste*

pensive. — Quatre ans ! Et avec moi, tu n'as vécu que trois mois. (*Elle s'assied à droite dans un fauteuil.*) Ah ! que cela me fait de la peine !

(*Elle pleure.*)

ROBERT, courant à elle. — Perdita, je t'en prie, ne pleure pas.

PERDITA. — Laisse-moi, laisse-moi.

ROBERT. — Écoute-moi un instant encore. Cette femme, je ne l'aimais pas. J'avais eu pour elle un caprice de jeune homme. Et un jour, elle a été enceinte, elle a eu un enfant, ma fille. C'est cette enfant qui a changé en liaison durable ce qui ne devait être qu'une passade.

PERDITA. — Tu dis cela pour me consoler. Mais comment te croirais-je?

ROBERT. — Il faut me croire pourtant, Perdita.

PERDITA. — Hélas, Robert, c'est une horrible histoire et j'en redoute les suites.

ROBERT: — Tout cela est loin dans le passé.

PERDITA. — J'ai peur que ce passé ne soit resté vivant.

ROBERT. — Il est mort depuis longtemps. Songe un peu, j'étais presque un enfant encore, à peine hors du service militaire. Ma vie a commencé au jour où je t'ai rencontrée. Si je t'ai raconté cela, ce n'était pas parce que cette liaison avait eu de l'importance, mais parce qu'elle m'avait laissé une fille, à laquelle j'ai pensé souvent et que je n'ai ʌsé de regretter. Vois combien tu es près de moi. C'est un sujet dont je ne parle à personne, ni à ma mère ni à ma tante.

Il m'a semblé que je pourrais te dire à toi seule,
comme tu me l'avais demandé, mes chagrins
anciens, et que tu les comprendrais. Mais voilà
que je me trouve en face d'une petite fille en
pleurs, et c'est elle qu'il faut consoler d'abord.
Perdita, Perdita chérie, viens dans mes bras. (*Il
la fait lever, l'attire à lui, va à un fauteuil, s'assied et la prend sur ses genoux. Elle cache sa
tête sur l'épaule de Robert et passe un bras autour du cou de son amant.*) Mais c'est qu'elle
a vraiment le cœur gros, cette pauvre petite !
(*Il la caresse et l'embrasse doucement. Elle pleure
encore.*) Voyons, ce n'est pas fini ?

PERDITA. — Ce n'est que dans tes bras que
je retrouve la paix. (*Appuyant sa tête sur l'épaule
de Robert.*) A ma place.

ROBERT. — A la place qui n'est qu'à toi. Je
t'aime, petite Perdita.

PERDITA. — Que tu es bon, Robert ! (*Elle
a encore un sanglot.*)

ROBERT, *la berçant*. — Il faut la dorloter
comme un enfant.

PERDITA. — Je suis bien, près de toi. Sur
ton cœur, je ne puis avoir de la peine. J'oublie
tout, mes chagrins, mes angoisses ; une bour-
rasque a obscurci le ciel, puis s'est en allée et le
soleil revient... Si tu savais comme ta tendresse
m'est douce. Je n'ai pas été habituée à être
gâtée. Ma mère était assez brusque avec moi.
Personne ne m'a bercée ainsi jamais... Ah ! oui,
mon père, il me semble, autrefois, il y a longtemps... J'étais toute petite. Je me souviens
à peine de lui... Quelques images indécises qui

flottent dans un brouillard que je ne puis percer.

ROBERT. — Quand est-il mort?

PERDITA. — Je ne sais... C'était un sujet que ma mère n'abordait pas volontiers. Elle éludait les questions sur mon enfance. Parfois j'ai pensé qu'elle avait quelque chose à me cacher ; parfois même j'ai douté de la mort de mon père... Pourtant, s'il était vivant, il ne m'aurait pas abandonnée, parce qu'il m'aimait vraiment...

ROBERT. — Pauvre petite !

PERDITA. — Il était très bon, très doux avec moi. Il me prenait sur ses genoux et me pressait contre lui, comme tu le fais. Il me berçait aussi, en chantant une petite chanson stupide que je n'ai pas oubliée. (*Chantant à mi-voix :*) « Faites de la bouillie — pour l'enfant qui crie — c'est l'enfant à son papa — le petit chat n'en aura pas. »

ROBERT, *avec un mouvement brusque*. — C'est une chanson que tous les papas de France chantent à leurs enfants.

PERDITA, *se redressant*. — Qu'as-tu, Robert?

ROBERT. — Cette chanson m'a ému. Elle me rappelle des souvenirs aussi. J'ai bercé ma fille dans mes bras comme tu as été bercée dans les bras de ton père.

PERDITA. — Parle-moi d'elle. Maintenant, je puis le supporter. Je suis redevenue moi-même ! Je te demande pardon d'avoir été égoïste, de n'avoir pensé qu'à mon chagrin...

Tu as eu de la peine, Robert, quant 'u l'as perdue. Tu l'aimais.

ROBERT. — Je l'adorais. C'est drôle, n'est-ce
pas? Vois-tu un grand imbécile de vingt-trois ans
avec un poupon dans les bras? Cet imbécile,
c'était moi. Je la caressais, je la dorlotais sans
fin. Elle était jolie, fine, intelligente, ah ! intelligente... Je ne te dis pas cela parce que c'était
ma fille, elle l'était vraiment. Elle avait les yeux
de la couleur des tiens, pervenche... mais elle
était blonde, tout à fait blonde avec des cheveux
qui ondulaient. (*Perdita s'est redressée, elle
l'écoute attentivement et ne le quitte pas des yeux.
Robert ne s'en aperçoit pas et continue à parler
comme à lui-même.*) Quelles douces heures j'ai
passées avec elle! Je l'ai vue grandir, flageoler
sur ses petites jambes et tomber assise sur son
derrière avec un gros rire qui me faisait rire tout
de suite, tant il était contagieux. Elle était
tendre et bonne. Ah ! un cœur d'enfant, quel
mystère !... Entendre cette voix fraîche vous
dire à tout instant : Je t'aime !... Et nos pro-
menades aux Champs-Élysées, la main dans la
main... Que c'est loin tout cela !... (*S'interrompant.*) Mais je t'ennuie, ma chère Perdita, avec
mes radotages. Tu vois, je n'ai jamais parlé
d'elle. Alors je me laisse aller.

PERDITA, d'une voix un peu altérée. — Non,
non, continue, je t'en prie. Je ne sais quel charme
étrange et mystérieux a pour moi ce que tu
racontes. Tu parles de choses éloignées que j'ai
vécues aussi. Il semble que cela me rapproche
encore de toi, et je ne sais plus si ce sont mes

souvenirs à moi que tu évoques ou si, par miracle, tu rends ton existence d'autrefois si vivante devant mes yeux que tu m'obliges à m'y mêler déjà... C'est un peu effrayant, cela me fait un peu mal, je ne sais pourquoi, mais cela a aussi une grande douceur... Parle-moi encore de ce passé effacé, je croirai retrouver le mien.

ROBERT. — Il n'y a rien à en dire, Perdita chérie. C'est une suite de très petits faits, insignifiants en eux-mêmes, comme ceux que je viens de te raconter. Toutes les enfances heureuses sont les mêmes. Si tu me disais la tienne, elle serait toute pareille. Des baisers, de la tendresse, des mots qui vous touchent au fond du cœur... Ah ! quand ma petite fille commençait à bavarder, c'était délicieux. Elle m'appelait Pelot.

PERDITA, comme cherchant dans sa pensée et avec anxiété. — Pelot, Pelot... ah oui ! Pour Papelot... Il y a beaucoup d'enfants, n'est-ce pas, qui appellent leur père Pelot?

ROBERT, sans faire attention au ton de Perdita. — Je ne sais pas ; je ne pense pas. Je veux croire que j'ai été le seul à être appelé ainsi. *(Perdita se lève brusquement et se tient debout près de lui. Robert plongé dans ses souvenirs, continue.)* Je l'appelais Jacquine, ma petite Jacquine.

PERDITA, à elle-même, bas. — Jacquine ! Jacquine ! Est-ce un rêve?... De quel gouffre monte une voix qui m'appelait Jacquine?... Tout tourne autour de moi. *(Elle fait quelques pas et chancelle, appelant à haute voix :)* Robert ! Robert ! *(Elle tombe à moitié sur le divan.)*

ROBERT, se précipitant vers elle, la prend dans ses bras, la couche sur le divan et s'agenouille près d'elle.) Perdita ! Qu'as-tu? Reviens à toi, je t'en supplie... Ne m'entends-tu pas? C'est moi qui t'appelle.

PERDITA, reprenant conscience. — C'est fini, je vais mieux... C'est un malaise.

ROBERT. — Mais quoi, sans raison? Ah ! j'ai eu tort de te parler comme je l'ai fait !...

PERDITA, faisant un grand effort sur elle-même. — Non, non... Il n'y a aucune raison, aucune, en vérité... Ne cherche pas. Il paraît que toutes les femmes ont des faiblesses ainsi... Je croyais que cela ne m'arriverait jamais... Je t'écoutais avec grand plaisir, et puis c'est venu soudain, comme du dehors...

ROBERT. — Ah ! tu m'as fait peur !... Et que tu es pâle encore, pauvre chérie ! Veux-tu prendre quelque chose, du thé, de l'alcool...?

(Il la serre dans ses bras et la baise sur le front. Elle l'écarte doucement.)

PERDITA. — J'ai soif. Demande-moi du thé...

ROBERT. — Je suis inquiet.

PERDITA. — Ne te tourmente pas. J'ai besoin d'un peu de repos, je ne suis que fatiguée. Je crois que je dormirai. Il faut que je dorme... Tu me laisseras seule, n'est-ce pas? Cela vaudra mieux.

ROBERT, sonnant un domestique. — Je resterai près de toi ; je lirai, tu ne m'entendras pas.

PERDITA. — Mais tu as à sortir, je crois ;

un rendez-vous chez ton notaire avec ta mère. Ne le manque pas pour si peu de chose.

ROBERT. — Ah ! c'est vrai, le notaire. Eh bien, qu'il aille au diable !

PERDITA, faisant toujours effort sur elle-même. — Vas-y, je t'en prie. Ne crois pas que je sois malade. Ce n'est rien. Sais-tu la vraie raison pour laquelle je veux être seule un peu? C'est parce que je n'aime pas que tu me voies quand je suis pâle ainsi et laide à faire peur. Laisse-moi, une heure de sommeil paisible me remettra... Lorsque tu reviendras, je serai bien.

(*Une femme de chambre entre*).

ROBERT, à la femme de chambre. — Vous ne laisserez entrer personne. Apportez du thé, madame est un peu souffrante... Oh ! rien de grave, mais elle veut dormir... Je suis obligé de sortir un instant. Si, par hasard, madame était moins bien, vous me téléphoneriez tout de suite... Voici le numéro. (*Il cherche dans sa poche et sort une lettre avec en-tête. Il déchire le haut de la lettre et le donne à la femme de chambre.*) Tenez : Central 19-11. Du reste, je n'en ai pas pour une heure. (*Sort la femme de chambre. Allant à Perdita qui est couchée sur le divan et qui a les yeux fermés.*) Tu es sûre que tu ne préfères pas me garder près de toi?

PERDITA.—Va, tu vois, je dors presque déjà.

ROBERT. — Je n'aime pas te laisser ainsi.

PERDITA. — Cela vaut mieux, je t'assure.

ROBERT, la baisant sur le front. — Alors, à tout à l'heure, chérie, repose-toi.

PERDITA. — A tout à l'heure.

(Il sort.)

PERDITA, se relevant. — « Jacquine, ma petite Jacquine ! »... Qui m'appelait ainsi autrefois?... Mon père ! ... Est-il mort vraiment? Il y a eu des heures troubles dans la vie de ma mère. Je n'ose pas me souvenir ; j'hésite à regarder au fond de moi. Tout est confus, tout tremble devant mes yeux... Je ne vois plus clair... Et pourtant... C'est affreux, cette lutte contre soi-même, cette recherche à tâtons dans un passé obscur... A qui m'adresser?... Ah! Mme Servières, tante Marie. Elle était à Paris alors. Je lui demanderai des détails, beaucoup de détails, jusqu'à ce que je découvre la vérité... Mais il ne faut pas que je me trahisse. Il faut que personne ne sache, et surtout pas lui, surtout pas Robert.

(*A cet instant la femme de chambre entre avec le plateau de thé et le pose sur la table.*)

LA FEMME DE CHAMBRE. — Comment est madame?

PERDITA. — Je vais mieux. Merci, Clémence. Allez donc à côté chez Mme Servières et dites-lui que je désire la voir sans retard. Sans retard, n'est-ce pas? Et ramenez-la avec vous.

LA FEMME DE CHAMBRE. — Bien, madame, Mme Servières est chez elle, je viens de la voir, je la ramène à l'instant.

(Elle sort par la porte du fond.)

PERDITA, encore haletante. — Il faut être forte... et adroite aussi. (*Elle va à la glace.*) Je suis pâle comme la mort. (*Elle prend son sac à main, en tire une houppette à poudre de riz et s'arrange la figure devant la glace.*) Là, c'est un peu moins mal. (*Elle revient à la table où est le thé et s'en verse une tasse.*) Je puis à peine tenir debout. (*Elle s'assied, prend un livre, l'ouvre et le ferme, boit un peu de thé.*) Cela va mieux, mais je suis encore essoufflée. (*Elle respire deux ou trois fois profondément.*)

(*Entre par le fond Mme Servières à qui la femme de chambre ouvre la porte.*)

Mme *SERVIÈRES, venant à Perdita qui se lève.* — Qu'y a-t-il, ma petite amie? Clémence m'a dit que vous n'étiez pas bien. Voulez-vous vite vous asseoir. C'est vrai, vous avez la figure fatiguée.

PERDITA, s'asseyant. — Un simple malaise, madame. Rien de sérieux. Robert a été obligé de sortir un instant et m'a laissée pour que je dorme un peu. Mais je me suis soudain sentie mieux et j'ai pensé que vous seriez assez gentille pour me tenir compagnie et prendre une tasse de thé avec moi.

Mme *SERVIÈRES.* — C'est une excellente idée. Je ne vous vois jamais seule, car Robert ne vous quitte guère. Nous causerons tranquillement. Mais d'abord, est-ce qu'il vous en coûterait beaucoup de m'appeler « ma tante » ou « tante Marie » ? De vous à moi, ce « madame » à chaque fois me choque horriblement. Quand

vous dites « madame », c'est comme si vous te-
niez à marquer que vous n'êtes pas très assurée
de votre position ici. Nous n'avons rien fait ma
sœur et moi, pour être traitées ainsi.

PERDITA. — Vous êtes très bonne, tante
Marie. Me permettez-vous de vous embrasser?

*M*ᵐᵉ *SERVIÈRES*, *l'attirant à elle et l'embrassant sur les deux joues*. — C'est un bien joli
cadeau que vous faites à une vieille femme comme
moi, de lui donner vos joues fraîches. (*Perdita se
rassied et sert le thé.*) Nous n'avons pas besoin de
chercher bien loin un sujet de conversation :
Robert.

PERDITA. — Je voulais justement vous
parler de lui, tante Marie.

*M*ᵐᵉ *SERVIÈRES*. — C'est étonnant ! Il m'a
l'air d'un heureux homme, mon neveu.

PERDITA. — Je crois qu'il a été très heureux
avec moi.

*M*ᵐᵉ *SERVIÈRES*, *levant le nez*. — Pourquoi mettez-vous cela au passé, Perdita?

PERDITA. — Par prudence. Il m'a appris
qu'il ne fallait pas défier les dieux.

*M*ᵐᵉ *SERVIÈRES*. — Voilà, en effet, une
phrase à la manière de Robert. Mais c'est une
bêtise. Robert est fixé pour la vie.

PERDITA. — Il n'y a pourtant que trois
mois, tout juste, aujourd'hui, que nous vivons
ensemble. Est-ce sur une si courte expérience
que vous pouvez juger?

*M*ᵐᵉ *SERVIÈRES*. — Ah çà ! mon enfant,
qu'y a-t-il donc? Vos paroles sonnent drôlement.

PERDITA. — Il n'y a rien. Je dis seulement

que Robert a beaucoup vécu avant de me connaître, qu'il a eu des liaisons qui ont duré plus de trois mois et qu'alors...

Mme *SERVIÈRES, l'interrompant.* — Ah ! je vois... Mais, petite sotte chérie que vous êtes, qu'allez-vous vous mettre en tête? Robert a vécu comme tous les hommes, il a eu des succès faciles...

PERDITA, simplement. — Il n'a pas eu de peine avec moi non plus.

Mme *SERVIÈRES, la grondant doucement.* — Décidément, Perdita !... Robert n'a rien eu de sérieux dans sa vie ; pas une femme à laquelle il se soit vraiment attaché, pas une à laquelle il ait envisagé de lier son avenir.

PERDITA. — Pourtant, il a eu une longue liaison qui a duré des années avec une femme dont il a eu une fille.

Mme *SERVIÈRES.* — Comment, vous savez cela? Robert vous en a donc parlé?

PERDITA. — Il m'a parlé longuement de sa fille aujourd'hui.

Mme *SERVIÈRES.* — C'est étrange. Il ne nous en ouvre jamais la bouche.

PERDITA, avec un mouvement d'orgueil. — Robert n'a pas de secret pour moi. Il ne m'a rien caché de sa vie et je sens qu'il est heureux de me parler de sa fille, de sa petite Jacquine comme il dit. Mais sur la mère de cette enfant, je ne sais pas grand'chose et je ne veux pas l'interroger. Qu'est devenue cette femme? N'est-ce pas pour me rassurer que Robert m'a dit qu'elle avait disparu? N'a-t-elle pas écrit?

Quelle était sa situation de fortune? Ne sait-on vraiment rien sur elle?

Mme *SERVIÈRES*. — Robert vous a dit la vérité. Nous ne savons rien. Cette Mme Cases vivait probablement sous un nom qui n'était pas le sien. Lorsqu'elle a quitté Paris, elle n'a laissé aucune adresse ; elle n'a jamais écrit. Nous avons appris plus tard — mais encore c'étaient des bruits que nous n'avons pu vérifier — qu'elle s'était remariée en Amérique. Sur sa fille, silence complet. Vit-elle encore? Elle doit ignorer — cela va sans dire — que sa naissance est irrégulière. On aurait pu croire que Robert l'avait depuis longtemps oubliée. Mais non, il y pense toujours et il garde précieusement un portrait de sa fille près de lui.

PERDITA, avec vivacité. — Un portrait, dites-vous, il a un portrait de sa fille !

Mme *SERVIÈRES*. — Oh! une simple petite photographie qu'il avait faite, lui-même, quand elle avait quatre ans.

PERDITA. — Quatre ans, vous êtes sûre?

Mme *SERVIÈRES*. — Mais oui... Qu'est-ce qui vous surprend dans ce que je dis, Perdita?

PERDITA, s'oubliant. — Il a un portrait de sa fille... à quatre ans !... Il faut que je le voie. Où est-il? (*Elle est de nouveau tendue et pâle.*)

Mme *SERVIÈRES*. — Comme vous vous passionnez ! En quoi cette photographie peut-elle vous intéresser tant?

PERDITA, se reprenant. — En effet, c'est absurde. Mais Robert m'en a parlé, aujourd'hui même, pour la première fois, et avec tant de douceur et d'émotion, que j'ai une envie maladive de voir cette enfant. Il l'a fait vivre devant mes yeux. Alors je voudrais confronter l'image que je m'en suis faite avec la réalité.

Mme *SERVIÈRES*. — Ah ! comme tout ce qui est de Robert vous touche, Perdita ! Nous n'avons pas cette photographie, sans cela, je vous l'aurais montrée. La seule épreuve, Robert la détient. En voyage, il l'emporte avec lui, je le sais. A Paris, il la range, je crois, dans son bureau, car il souffrirait de l'exposer aux regards de tous. Mais, puisque Robert vous a prise pour confidente, Perdita, il ne refusera pas de vous la faire voir.

PERDITA, *elle-même*. — Dans ce bureau tout près de moi !... (*A M*^{me} *Servières*.) Vous avez raison, tante Marie. Robert me la montrera, sans doute, dès son retour.

Mme *SERVIÈRES*. — Comme vous êtes nerveuse, Perdita !

PERDITA. — Je vous demande pardon. Cette conversation avec Robert m'a émue plus que je ne le pensais.

Mme *SERVIÈRES*. — Je crois que c'est de calme que vous avez besoin, mon enfant. Pourquoi n'essaieriez-vous pas de dormir jusqu'à l'heure du dîner ?

PERDITA. — C'est vrai, je suis fatiguée. Je tâcherai de me reposer.

Mme *SERVIÈRES*, *se levant et allant à elle*. — Je vous laisse. (*Elle lui prend les mains*.) Mais vous avez de la fièvre. Voulez-vous que je fasse venir notre médecin ?

PERDITA. — Oh ! non, pas de médecin ! Une heure de sommeil dissipera ce malaise... Au revoir, tante Marie, embrassez-moi, je vous prie. Je sens que vous m'aimez. Il faut m'aimer toujours, n'est-ce pas?

Mme SERVIÈRES. — Mais que dites-vous là, Perdita? Vous allez m'effrayer.

PERDITA. — Il y a des instants où j'ai peur, tante Marie. Nous étions si heureux, Robert et moi, d'un bonheur au delà de ce qu'on peut rêver. Alors, à la seule idée que ce bonheur pourrait être détruit, je perds la tête, je voudrais mourir...

Mme SERVIÈRES, *se penchant sur elle et l'embrassant*. — Perdita, revenez à vous. Vous avez des idées noires aujourd'hui. Cela nous arrive, hélas ! Et puis pourquoi aller chercher dans le passé de Robert? Allons, n'y pensez plus. Vous êtes heureuse ici. Tout le monde vous aime. Robert ne vit que par vous. Voilà la réalité. Reposez-vous et vous vous réveillerez gaie et brillante, comme à l'ordinaire. Je vous laisse. Je ferai prendre de vos nouvelles ce soir. Et si demain vous êtes encore souffrante, je viendrai passer un moment avec vous. Au revoir, mon enfant.

PERDITA. — Au revoir, tante Marie.

(Mme Servières sort par la porte du fond. Perdita se lève, va à la cheminée et sonne. Elle marche de long en large dans le cabinet de travail. La femme de chambre apparaît.)

PERDITA. — Emportez le thé, Clémence,

et qu'on ne vienne me déranger sous aucun prétexte ! Je veux dormir une heure au moins.

CLÉMENCE. — C'est bien, madame.

(*Elle prend le plateau de thé et sort. Le jour est tombé. Il fait gris dans la pièce. Perdita reste immobile un instant, puis va jusqu'au bureau, s'arrête et le regarde longuement. Soudain elle s'en écarte avec brusquerie, elle fait quelques pas jusqu'à la fenêtre, s'accroche au rideau comme pour ne pas tomber. Elle regarde au dehors, puis de nouveau ses yeux reviennent au bureau et le fixent. Elle s'en rapproche. De nouveau, elle s'en écarte. Elle respire difficilement et s'assied dans un fauteuil. Elle passe les mains sur son front et relève ses cheveux. Elle ferme les yeux, les rouvre et regarde encore le bureau. Elle se lève, reste indécise, puis à pas lents se dirige vers la porte de droite, met la main sur la poignée et entr'ouvre la porte. Soudain elle la ferme avec force et revient vers le bureau d'un pas résolu.*)

PERDITA. — Je ne dormirai pas tant que je ne l'aurai pas ouvert. (*Elle allume la lampe qui est posée sur le bureau et s'assied. La scène maintenant est sombre. Perdita n'est éclairée que par la lampe. Elle ouvre un tiroir à gauche.*) Ah ! il n'est pas fermé à clef. (*Elle prend des papiers.*) Qu'y a-t-il ici? Des comptes, un carnet de chèques... Ce n'est pas là que je vais me trouver moi-même. (*Elle ouvre un second tiroir à gauche.*) Papiers de famille.

Cela semble intéressant. (*Elle sort une grande enveloppe et en tire des papiers.*) État civil, contrat de mariage. (*Elle met la main dans le tiroir et en sort un revolver.*) Ah !... (*Elle le regarde un instant avec effroi, puis le rejette dans le tiroir où elle replace les papiers.*) Cherchons ailleurs. (*Elle ouvre un tiroir à droite et sort une petite enveloppe.*) Là, sur le dessus, comme une enveloppe que l'on sort souvent et qu'on remet soigneusement à sa place pour la retrouver le lendemain !... C'est cela... Il y a même une date, 1906... En 1906 j'avais quatre ans. (*Elle a l'enveloppe fermée dans sa main.*) Je connais cette photographie. C'est la seule de moi qu'il y ait à cet âge-là. Ma mère l'avait gardée... Elle me représente aux Champs-Élysées près de la voiture aux chèvres. Je me souviens. Je n'ai pas de chapeau, mes cheveux — ils étaient blonds alors — tombent sur mes épaules ; je suis en blanc. C'était l'été sans doute. (*Elle laisse tomber l'enveloppe sur le bureau.*) A quoi bon la regarder? Je la vois comme si elle était devant moi... Il me semble même maintenant que je me souviens quand elle a été prise. C'est curieux, les souvenirs. Si on les cherche, ils s'effacent devant vous. Et soudain, ils reviennent, vous assaillent. (*Elle reprend l'enveloppe, joue un instant avec elle, puis l'ouvre et en tire une petite photographie. De la même voix tranquille :*) J'étais jolie quand j'étais enfant. Je ne savais pas que la Némésis, comme dit Robert, apparaissait sous une forme aussi charmante ! Mais comme j'étais sérieuse ! Mes yeux voyaient dans l'avenir, faut-il croire... Mes cheveux sont plus foncés. Ils ne sont dorés que quand la lumière joue sur eux. (*Elle tient la photographie devant elle.*)... Et maintenant, tout est fini déjà ! Il semble que j'aie vécu cent ans en quelques heures... (*Elle remet la photographie dans son enveloppe, la glisse dans le tiroir qu'elle ferme.*) Je voudrais être ailleurs, à m'engourdir, au soleil, toute seule, loin d'ici, près des récifs de corail dans les mers du Sud. (*On entend un coup de timbre.*) C'est Robert qui rentre. Il n'a pas mis longtemps à faire sa course. Il va venir ici... Ah ! que je suis fatiguée ! On croirait que la vie s'écoule de moi... (*Elle reste assise, la tête entre ses mains, sans prêter aucune attention à l'entrée de Robert.*)

(*Robert entr'ouvre doucement la porte et regarde dans la pièce. Il vient à Perdita, l'entoure de ses bras. Elle ne bouge pas.*)

ROBERT. — Perdita, ma chérie.

PERDITA, absente. — Ah ! c'est toi.

ROBERT. — Tu vois, j'en ai eu vite fini là-bas. Eh bien, tu vas mieux. Tu es déjà levée. (*Frappé soudainement de l'immobilité de Perdita.*) Mais, Perdita, qu'y a-t-il? (*Il lui prend les mains.*) Tu as les mains glacées !... Regarde-moi (*Elle ne bouge pas.*) Regarde-moi. (*Il lui prend la tête et la tourne doucement vers lui.*) Quels yeux as-tu aujourd'hui?

PERDITA, faiblement. — Je suis malade... Il faut me laisser tranquille. Ne me touche pas, fais attention. Tu tomberais malade aussi.

ROBERT, la prenant dans ses bras et la menant

au divan. — Perdita, reviens à toi... Là, couche-toi, tu es bien ainsi. Non, ne parle pas. Repose-toi. Tu es blanche comme un linceul... (*Il lui tient les deux mains dans une des siennes, de l'autre, il lui caresse doucement le front.*) J'ai eu peur, Perdita. Tu me regardais avec des yeux égarés, comme si tu ne me voyais pas... Ah ! un peu de couleur revient sur tes joues pâles.

PERDITA, encore à demi-consciente. — Que tu es bon, Robert ! Que tu me soignes bien !

ROBERT. — Attends un instant, chérie. Je veux donner des ordres pour qu'on prépare la chambre et qu'on téléphone au médecin. Ce n'est rien, je sais, tu n'es pas malade. Ce n'est pas pour toi, à vrai dire, c'est pour me rassurer seulement. (*Il veut se lever.*)

PERDITA, le retenant. — Ne t'en va pas, Robert, je ne puis rester seule. J'ai peur que tu ne reviennes plus. Reste près de moi encore un moment.

ROBERT. — Je ne te quitterai pas une minute. (*Il presse un bouton de sonnette sur la bibliothèque tournante. Il soulève un peu Perdita et prend la tête de sa maîtresse sur ses genoux.*) Vous êtes bien ainsi, mon amour.

(*Clémence ouvre la porte.*)

ROBERT. — Clémence, préparez le lit pour madame et mettez une boule d'eau bien chaude. Dites à Alfred de téléphoner à M. Bergeron qu'il vienne le plus vite possible. (*Sort la femme de chambre. A Perdita :*) Tu te coucheras dans un instant.

PERDITA, toujours faible. — Il semble que je sois tombée d'une tour très haute. Je suis brisée, j'ai mal partout.

ROBERT. — Pauvre petite, toi que j'ai toujours vue si solide ! Quelle secousse ! (*Il se penche sur elle et lui baise le front. Elle le repousse doucement de la main.*) Est-ce que je t'ai fait mal?

PERDITA. — Il ne faut pas...

ROBERT. — Que dis-tu?

PERDITA. — Il ne faut pas me toucher... Je t'expliquerai tout à l'heure quand je serai plus forte.

ROBERT. — Tu n'es pas encore toi-même et je ne comprends pas tes paroles. Mais repose-toi... Il te faut du calme, et dormir aussi.

PERDITA. — Je ne pourrai pas dormir.

ROBERT. — D'où te vient ce malaise? Tu étais si bien ce matin. Ce n'est pas notre conversation, pourtant, je ne me le pardonnerais pas.

PERDITA, qui reprend ses forces. — Il y avait de l'orage dans l'air que nous respirions, et soudain la foudre a éclaté, détruisant tout... Mais je vais mieux. J'étais si faible que j'avais presque perdu conscience, je te voyais comme dans un nuage ; je ne pensais à rien... Maintenant le brouillard se dissipe. (*Poussant un cri.*) Ah ! c'est une autre douleur. Robert, Robert ! je ne puis la supporter.

ROBERT, se penchant vers elle. — Perdita, tu souffres encore? Ma pauvre enfant !

PERDITA, l'écartant doucement. — Laisse-moi, je vais mieux, je ne suis plus malade. Tu vas le voir du reste. Il faut que je te parle.

ROBERT. — Qu'est-ce qui te presse? Quand tu seras remise, il sera temps.

PERDITA. — Je ne dois pas attendre, pas une minute... Seulement, ne reste pas là, si près de moi, car cela me rend presque impossible de dire ce qu'il faut que je te dise... Écarte-toi un peu, je te prie. (*Elle le repousse un peu.*) Ne m'en veuille pas... Mets-toi dans ce fauteuil, là, en face de moi... (*Comme Robert hésite.*) Ne me contrarie pas pour une si petite chose. (*Robert, cette fois-ci, sans dire un mot, s'assied dans le fauteuil et attend.*) Ah ! j'ai encore une prière à t'adresser... Ne me regarde pas ainsi... Je serai sans force si tu me regardes.

ROBERT. — Je ferai ce que tu voudras, bien que je ne puisse deviner où tu veux aller.

(*Il détourne les yeux, mais les reporte à plusieurs reprises sur Perdita.*)

PERDITA. — Ce que j'ai à dire est difficile, vois-tu. En vérité, c'est au delà des forces humaines. Il faut que je ne pense à rien, sauf à la tâche que j'ai devant moi. Il importe que je ne laisse pas mon esprit divaguer, que ma parole aille droit au but. Robert, as-tu confiance en moi?

ROBERT. — J'ai en toi une telle confiance, entière, absolue, qu'il n'est au pouvoir de personne, pas même au tien, de la détruire.

PERDITA. — Il faut qu'il en soit ainsi. C'est bien... Tu sais aussi que je ne puis te vouloir aucun mal, que ton bonheur m'est plus précieux que la vie.

ROBERT. — Je le sais, Perdita, mais le ton solennel de tes paroles m'effraie.

PERDITA. — Attends... Il faut que tu saches aussi que je suis maintenant moi-même, qu'il n'y a plus aucune faiblesse en moi, aucune trace d'égarement, que je vois clair, que je ne me trompe pas... Sache enfin que ce que je vais te dire est sans appel, et, écoute-moi bien, ne peut être discuté. (*Elle s'arrête un instant comme pour rassembler ses forces.*) Robert, il faut que je te quitte.

ROBERT, courant à elle et se jetant à ses genoux. — Perdita, tu dis avec un accent sérieux et qui me glace, des folies. Ce n'est pas toi qui parles ainsi, ma petite Perdita. C'est quelqu'un de nouveau, que je ne connais pas, qui me fait mal. Reviens à toi, je t'en supplie.

PERDITA, le relevant. — Relève-toi, Robert, tu ne dois pas rester à mes genoux... Pardonne-moi la peine que je te fais aujourd'hui; je n'en suis pas responsable; je souffre autant que toi.

ROBERT, avec une grande nervosité. — Tu comprends bien, Perdita, que je n'accepte pas un instant les paroles que tu viens de prononcer. Je les prends avec beaucoup de calme, parce que je n'y accorde, parbleu, aucune signification. Seulement, il faut que tu m'expliques ce qui a pu t'amener à penser, même un instant, que nous pourrions nous quitter, nous, toi et moi. Tu n'y songes pas, vraiment. De quelle méchante fée as-tu été victime? Voyons, dis-moi cela simplement, comme il convient entre nous deux. Dis-moi quelles visions t'ont troublée.

PERDITA. — Hélas, Robert, pour le repos de ton esprit, il ne faut pas me questionner.

ROBERT. — Peut-il être une torture pire que ce silence obstiné?

PERDITA. — En effet, tu as à redouter pire encore.

ROBERT, *avec autorité*. — En voilà assez. Comment supporter de ta part ces menaces voilées? Elles sont inadmissibles entre nous. A je ne sais quel sujet, tu t'es fait, sans doute, des montagnes de rien. Mais il suffit que tu sois franche avec moi comme tu le dois et ces imaginations s'évanouiront. C'est cela que j'attends de toi maintenant.

PERDITA. — Robert, je t'en supplie, ne me parle pas sur ce ton-là. Je n'ai rien fait contre toi, tu me connais assez pour en être sûr. Je t'adjure de me croire, je t'adjure de ne pas m'interroger. Accepte en silence ce que je te dis ; il faut nous séparer.

ROBERT, *changeant de ton*. — Mon cœur, comme tu me tortures !...

PERDITA. — Pas cela, non plus, je t'en prie. Je puis encore moins le supporter.

ROBERT, *continuant sur le même ton*. — Sais-tu combien je t'aime? Sais-tu que tu t'es emparée de moi tout entier? C'est une sorcellerie, vraiment. Je ne m'appartiens plus. (*Il l'entoure doucement de ses bras sans en faire sentir l'étreinte.*) J'aime ton esprit, j'aime ton corps et ton cœur. Je ne puis penser à toi sans que soudain un flot de tendresse m'envahisse ; je ne puis te toucher sans un frémissement de tout mon être. Maintenant même, d'être si près de toi, je ne peux plus parler... Je t'aime, Perdita.

(*Il se penche et veut la baiser sur les lèvres.*)

PERDITA, *se levant d'un bond.* — Non, non, va-t'en. Fuis-moi...

ROBERT, *se relevant.* — Je ne sais où je suis, je perds la tête... Cette fois-ci, tu parleras, je l'exige.

PERDITA. — Je ne puis parler, je te l'ai dit.

ROBERT, *s'emportant.* — Quel supplice m'infliges-tu? C'est toi, toi, Perdita, qui me repousses ! Tu ne veux plus de mes baisers. Est-ce que je te fais horreur? Est-ce cela que je dois comprendre et que tu ne peux dire?

PERDITA. — Robert, ne continue pas...

ROBERT, *dans le même mouvement.* — Ou bien es-tu simplement lasse de moi? Déjà ! Ah ! je commence à entrevoir la vérité. Tu es jeune et je ne le suis plus. Voilà toute l'affaire... J'avais eu l'orgueil de croire que je saurais t'attacher à moi... J'étais fou, je le vois. A quoi bon fermer les yeux à l'évidence? Toutes choses s'éclairent maintenant, et ce refus absurde, obstiné, de te marier. Parbleu, tu ne voulais pas te lier et engager ton avenir qui est long au mien qui touche à son terme.

PERDITA. — Tais-toi ! Ne me montre pas un Robert égaré que je ne reconnais plus.

ROBERT. — Il ne me reste, en effet, qu'à me taire. Un homme comme moi ne plaide pas une telle cause. Il y a des défaites qu'il faut accepter en silence. Séparons-nous, comme tu le veux. Puisque tu ne m'aimes plus, va-t'en. Tu es libre.

PERDITA, qui est debout et qui chancelle, se redressant. — C'en est trop. Tu me forces à révéler ce que, pour toi, je voulais tenir caché Tu sauras la vérité, puisqu'il te la faut Mais fais attention, c'est toi qui te détourneras de moi avec horreur... Les dieux ont répondu au défi. Tu verras la Némésis. (*Elle court au bureau, ouvre le tiroir de droite, sort la photographie de son enveloppe et la brandit devant Robert atterré.*) Regarde ! Ce n'est pas ainsi que tu te représentais la Némésis. Elle a quatre ans, des cheveux blonds et bouclés comme un ange. Il n'y a que ses regards qui soient sérieux, sans doute parce qu'ils voient dans l'avenir... Eh bien ! tu comprends maintenant? (*Robert reste muet. Perdita tout près de lui.*) Cette petite fille en robe blanche, c'est moi !

ROBERT, à voix basse. — C'est toi ! C'est toi !...

(Il s'écarte d'elle.)

PERDITA, se jetant sur lui et l'enlaçant. — Robert, Robert, je t'aime ! Ne m'abandonne pas !
(Elle tombe à ses pieds évanouie.)

RIDEAU

ACTE III

Même décor, le matin.
Le soleil entre par la grande fenêtre à droite. Il y a de belles fleurs sur la table.

(Entrent Mme Duprey et Mme Servières.)

Mme SERVIÈRES. — Robert n'est pas là?

Mme DUPREY. — Il a dû passer chez Perdita. C'est l'heure où elle se réveille. Nous pouvons l'attendre un instant. Nous saurons ainsi comment elle a dormi.

Mme SERVIÈRES. — Oh ! je n'ai pas d'inquiétude à son sujet. Jamais je n'ai vu de convalescence plus rapide et plus éclatante. Et pourtant Perdita a été à la mort.

Mme DUPREY. — Tu ne sais pas combien je me suis attachée à cette petite, Marie. Lorsque nous l'avons connue à Saint-Moritz, elle me faisait un peu peur avec ses idées on ne sait d'où ; mais elle est pure, et bonne, et droite. J'ai senti combien je l'aimais quand nous avons été sur le point de la perdre.

Mme SERVIÈRES. — Enfin, nous voici hors d'affaire. Robert pourra se reposer à son tour.

Mme DUPREY. — Il n'est que temps. Il a si mauvaise mine, mon garçon.

Mme *SERVIÈRES*. — Eh ! n'est-ce pas naturel après la crise qu'il a traversée? Voir la femme que l'on aime sur le point de mourir, la veiller nuit et jour, comment s'étonner qu'il soit fatigué?

Mme *DUPREY*. — Tu as raison, Marie, mais il n'y a pas que la fatigue chez mon garçon. Voilà deux semaines déjà que Perdita est hors de danger. Robert pourrait être fatigué et heureux. Est-il heureux? Non, et pourtant Perdita est guérie. Tant qu'elle était menacée, je lisais en lui sans peine; il ne songeait, cela va de soi, qu'à la sauver. Mais depuis qu'elle est rétablie, il est chaque jour plus triste, plus préoccupé. C'est cela qui m'inquiète. Avec nous, il reste silencieux comme s'il avait un secret à garder.

Mme *SERVIÈRES*. — La secousse a été plus forte que nous ne le pensions.

Mme *DUPREY*. — Non, non, ce n'est pas cela seulement, tu le sens bien comme moi.

Mme *SERVIÈRES*. — C'est vrai, il y a là quelque chose qui nous échappe.

Mme *DUPREY*. — Je ne puis supporter de voir Robert ainsi. Si nous savions ce qui le tourmente, nous pourrions sans doute venir à son secours. Mais nous ne savons rien et sommes là à nous ronger dans notre impuissance. C'est pourquoi j'ai pensé, Marie, que tu pourrais causer avec lui et essayer de trouver ce qu'il nous cache.

Mme *SERVIÈRES*. — Crois-tu que c'est facile? Ce serait à toi de lui parler.

Mme *DUPREY*. — Ah ! certes non. Je ne

puis discuter avec lui ; je m'énerve, j'ai des larmes plein les yeux ; il m'embrasse, et c'est fini, je n'en sais pas plus qu'avant. C'est comme cela que se terminent toutes nos discussions. Mais toi, tu es plus habile, et tu as aussi plus d'expérience de la vie ; enfin Robert t'aime autant que moi. Peut-être apprendras-tu ce que nous voulons savoir, peut-être le devineras-tu à demi-mot. Alors nous pourrons venir en aide à mon garçon. Mais comment guérir une maladie que l'on ne connaît pas?

*M*me *SERVIÈRES*. — Ne te fais pas trop d'illusions. Mais enfin, je veux essayer. Cela me fait de la peine aussi de voir mon neveu promener sa tristesse dans cet appartement.

*M*me *DUPREY*. — Il va venir ici en sortant de chez Perdita. Je vous laisserai seuls.

(*La porte de droite s'ouvre.*)

*M*me *SERVIÈRES*. — C'est lui.

(*Entre Robert par la porte de droite. Sa mère se lève et va à lui.*)

*M*me *DUPREY*. — Comment est Perdita, ce matin?

ROBERT. — Très bien.

*M*me *DUPREY*. — Et toi, mon grand garçon?

ROBERT. — Moi, maman, je vais bien.

*M*me *DUPREY*. — Tu as l'air fatigué. Tu devrais sortir un peu. Pourquoi n'emmènerais-tu pas Perdita?

ROBERT. — Tu as raison. Il fait beau. Je lui proposerai d'aller jusqu'au Bois après déjeuner pour profiter des quelques heures de soleil.

Mme *DUPREY*. — Et, en revenant, vous goûterez chez moi.

ROBERT. — C'est entendu.

Mme *DUPREY*. — Alors, à cette après-midi.

ROBERT. — Tu te sauves déjà?

Mme *DUPREY*. — Eh ! mon petit, j'ai mon ménage et le tien à diriger. Et puis, je veux acheter des gâteaux moi-même pour le goûter. Perdita a un tel appétit... Je te laisse avec ta tante. Au revoir.

(Elle sort par le fond.)

Mme *SERVIÈRES*. — Ainsi, Perdita a bien dormi?

ROBERT. — Elle a dormi d'une traite, paraît-il, d'hier soir à ce matin. C'est beau la jeunesse.

Mme *SERVIÈRES*. — Il ne restera bientôt plus de trace de cette crise si grave. Un de ses résultats aura été d'attacher à jamais ta mère à Perdita. Jusque-là elle était un peu sur la défensive. Maintenant, elle lui a donné tout son cœur.

ROBERT, avec fièvre. — Ah ! rien ne peut me faire plus plaisir que ce que tu me dis là, ma tante ! Oui, il faut aimer Perdita, toutes deux, la chérir, l'entourer, ne pas la laisser seule...

Mme. *SERVIÈRES*. — Mais avec quelle chaleur parles-tu tout à coup? Pourquoi cette émotion en me disant des choses si simples, si naturelles? On dirait, ma parole, que tu as oublié comment nous avons accueilli Perdita chez nous. Qu'as-tu à craindre de notre part? Pourquoi t'enflammer ainsi?

ROBERT. — C'est vrai, je suis absurde. Ne sais-je pas que je puis compter sur vous?

Mme *SERVIÈRES*. — Compter sur nous ! Encore un mot inexplicable. Mais qu'as-tu, Robert?

ROBERT. — Rien, rien, en vérité. C'est un reste de fatigue ancienne... Il ne faut pas y faire attention, ma tante.

Mme *SERVIÈRES*. — N'y pas faire attention est vite dit. Si tu voyais la mine que tu as ! Ta mère s'inquiète.

ROBERT. — Oh! il y a quarante ans que cette pauvre maman se fait des soucis à mon sujet.

Mme *SERVIÈRES*. — Cette fois-ci, non sans raison, car nous trouvons toutes deux qu'à ton âge tu devrais te remettre plus vite de la crise que tu as traversée.

ROBERT. — Il faut croire que je ne suis pas aussi jeune que je le parais.

Mme *SERVIÈRES*. — Quelle absurdité ! Non, il y a autre chose que tu nous caches et je ne veux pas te demander ce que tu préfères garder secret. Mais je suis une vieille femme, Robert, et tu sais que je t'aime comme si tu étais mon fils et tu me permettras de te parler, une fois au moins, librement sur un point qui me préoccupe un peu. Tu as trouvé une compagne telle — ta femme demain (*Robert ne peut réprimer un mouvement*) — qu'il est impossible de t'en souhaiter une meilleure. Mais il faut dans toute union quelques ménagements. Tu aimes la vérité, dis-tu, mais toute vérité n'est pas bonne à dire. Pourquoi as-tu parlé à Perdita de ton passé?

ROBERT, *agité*. — Comment sais-tu cela, ma tante?

*M*me *SERVIÈRES*. — Mais de la façon la plus simple. Perdita me l'a dit le jour même où elle est tombée malade. Elle a su que tu avais eu une fille.

ROBERT. — Je t'en prie, ma tante, ne parlons pas de cela. C'est un sujet qui m'a toujours été pénible. Il me l'est devenu plus encore.

*M*me *SERVIÈRES*. — Je suis bien fâchée de réveiller une douleur ancienne. Je ne t'en parle que parce que Perdita dans son délire appelait Jacquine...

ROBERT, *plus agité et l'interrompant*. — Il n'y a là qu'une coïncidence, tante Marie. Que vas-tu chercher?

*M*me *SERVIÈRES*. — Mais rien du tout, Robert; je voulais dire simplement que cela lui avait fait de la peine.

ROBERT. — Ah ! sans doute, mais ne va pas bâtir des hypothèses absurdes sur un tout petit fait comme celui-là.

*M*me *SERVIÈRES*. — Je ne bâtis pas ; je sais seulement que tu t'emportes sans que j'en puisse comprendre la raison. Plus nous parlons et plus je me sens inquiète. On vit dans une étrange atmosphère près de toi. Fais attention que Perdita, qui a besoin de calme encore et de bonheur, ne s'en aperçoive !

ROBERT. — Hélas, hélas ! je lui ai fait tant de mal déjà que je ne puis le racheter.

*M*me *SERVIÈRES*, *se levant*. — Que dis-tu, Robert?

ROBERT, *avec désespoir*. — Ah ! ma tante, laisse-moi, ne me questionne pas ; je ne puis te répondre. Tu viens de le dire : il y a des cas où il vaut mieux vivre dans l'ignorance et le mensonge. Que ne l'ai-je su plus tôt? Aujourd'hui, il est trop tard. Perdita maintenant ne pourra plus supporter ma présence auprès d'elle.

Mme *SERVIÈRES*. — Tu déraisonnes. Comment une idée aussi folle peut-elle se présenter à toi?

ROBERT. — Attends, attends, et tu verras... Jusqu'à présent, par une convention tacite que nous avons respectée depuis que Perdita a été malade, il y a un sujet que nous n'avons pas abordé et qui ne peut être touché. Mais, maintenant qu'elle est rétablie, je tremble. Elle entrera ici dans un instant et, lorsque je serai en sa présence, je ne pourrai ni lui parler ni la regarder. A chaque minute, j'aurai peur, comprends-tu? oui, peur... Les choses en sont arrivées à un tel point que je regrette aujourd'hui le temps où il fallait à chaque heure l'arracher à la mort, car maintenant, il suffit d'une phrase, d'un mot, pour que la foudre éclate...

Mme *SERVIÈRES*. — Robert, tu me terrifies. Dans le désordre de tes paroles, j'entrevois je ne sais quoi de terrible.

ROBERT. — Ah ! ma tante, laisse-moi ; j'en ai déjà trop dit.

Mme *SERVIÈRES*. — Tu me fais redouter le pire...

ROBERT, *faisant un grand effort sur lui-même*. — Non, rassure-toi, j'avais perdu la tête... Mais c'est fini, tu vois. Laisse-moi, je t'en prie, j'ai besoin de beaucoup de calme. Perdita va venir... Il faut que je sois maître de moi... Cependant va vers maman. Ne lui dis rien; elle s'effraierait, la pauvre femme. Rassure-la de ton mieux ; je suis bien content que tu sois près d'elle, tante Marie. (*Il la prend dans ses bras et la mène doucement à la porte du fond.*)

Mme *SERVIÈRES*. — J'ai peur... Tu m'as empoisonnée aussi.

ROBERT. — Va, ma tante, à tout à l'heure... Oui, à tout à l'heure. (*Elle sort.*)

(*Robert hésite un instant, il sonne, puis va s'asseoir résolument à son bureau. Il prend des papiers dans un tiroir, les parcourt rapidement, en déchire quelques-uns, les jette dans la corbeille à papier près de lui, classe les autres. Jeu de scène qui dure quelques instants.*)

ROBERT, *sans se retourner*. — Entrez.

LE VALET DE CHAMBRE, *entrant*. — Monsieur a sonné?

ROBERT, *classant toujours ses papiers*. — Vous préparerez ma grande valise, Alfred. Madame est tout à fait rétablie. Je pars ce soir.

LE VALET DE CHAMBRE. — Pour plusieurs jours?

ROBERT. — Non, non, un très rapide voyage d'affaires... Du linge de rechange et mon costume gris.

LE VALET DE CHAMBRE. — Bien, monsieur. (*Il sort.*)

(Robert ouvre un autre tiroir, examine une liasse de papiers, la remet à sa place.)

ROBERT. — Tout est en ordre ici. (*Il prend dans un tiroir un revolver, l'examine. — Pendant qu'il le regarde, on entend un bruit. Il sursaute, met rapidement le revolver dans la poche de son pantalon, ferme le tiroir. — La porte de droite s'ouvre. Le visage de Robert change d'expression. Perdita apparaît. Elle est vêtue d'une robe d'intérieur blanche, très élégante, un peu décolletée. Elle est fraîche, animée, éblouissante de jeunesse et de beauté. Pendant la première partie de la scène, il y a une gêne sensible entre eux, mais plus grande chez Robert que chez elle.*)

ROBERT, allant à elle. — Comment te sens-tu, maintenant que tu es debout?

PERDITA. — Très bien, merci... (*Elle va à la fenêtre.*) Ah! le soleil remplit la pièce. C'est gai, ici. (*Venant à la table.*) C'est toi qui as acheté ces beaux chrysanthèmes?

ROBERT. — Mais oui, je suis heureux qu'ils te plaisent... Si tu es assez forte, je t'emmènerai au Bois après déjeuner. Nous marcherons un peu le long du lac. L'air vif te fera du bien.

PERDITA. — Comme tu prends soin de moi, Robert! Mais cela n'est plus nécessaire. Ne vois-tu pas que je suis bien maintenant? Et ce soleil si clair qui entre ici semble me verser des forces. Ai-je vraiment été malade? Je l'ai oublié déjà. Mais il ne faut pas que j'oublie de te remercier pour la façon dont tu m'as soignée.

ROBERT. — Me remercier ! Le mot sonne mal à mes oreilles.

PERDITA. — Je n'emploie peut-être pas le mot qu'il faut, mais je te suis reconnaissante du fond du cœur du dévouement, de la bonté, de la tendresse que tu m'as prodigués. Pendant que j'étais en danger, tu ne m'as pas quittée un instant, m'a dit ta mère.

ROBERT. — Je ne sais qui me parle quand je t'entends. Où pouvais-je être ailleurs qu'à ton chevet? N'est-ce pas à cause de moi que tu as souffert et que tu as failli mourir. Il y a des jours où j'ai désespéré.

PERDITA. — Il y avait en moi quelque chose de plus fort que la mort. (*Un silence.*) Lorsque j'ai été en convalescence, que faisais-tu de tes soirées?

ROBERT. — Je restais ici, je lisais.

PERDITA. — Tu n'as pas essayé de sortir, de te distraire?

ROBERT. — Me distraire?

PERDITA. — Mais oui, voir des amis, causer, changer d'atmosphère et d'idées.

ROBERT. — Je n'y ai pas songé.

PERDITA. — Je crois que tu as eu tort. Ce tête-à-tête avec toi-même ne semble pas t'avoir réussi. Tu as l'air fatigué.

ROBERT, brièvement. — Qu'importe?

PERDITA, avec tristesse. — Je n'aime pas le ton sur lequel tu me parles. Tu parais faire à chaque instant un effort pour ne pas causer librement.

ROBERT. — Je te demande pardon.

PERDITA, s'asseyant dans un fauteuil près de la table. — Ainsi tu passais tes soirées ici. Que lisais-tu?

ROBERT. — Des vieux bouquins, ce sont les meilleurs.

PERDITA, allongeant la main et prenant un des livres sur la table. — Voyons... (*Lisant le titre.*) Théâtre de Sophocle. (*Robert a un mouvement comme pour s'emparer du livre. Il se retient. Elle ouvre le volume.*) Œdipe Roi. C'est une pièce que je connais bien. J'ai eu à en faire une analyse à l'Université quand j'avais dix-huit ans. (*Robert se promène avec nervosité.*) Je me souviens. Il y a là une accumulation d'atrocités qui me semblait hors la vraisemblance. Il faut qu'Œdipe — pourquoi? — ait tué son père ; il faut que Thèbes soit décimée par la peste. Tout s'écroule. Cette histoire est pleine de sang et de terreur. Je me suis demandé — je ne l'ai pas oublié — ce qui serait arrivé, lorsque Œdipe découvre la vérité sur ses liens avec Jocaste, si, à ce moment-là, Thèbes avait é é prospère et qu'aucune catastrophe ne l'eût menacée. Jocaste et Œdipe menaient, semble-t-il, une vie conjugale sans nuages, malgré la différence de leurs âges. Ils avaient plusieurs enfants, pleins de santé et de joie. Ils étaient heureux sans doute, mais les dieux jaloux ont déchaîné la peste dans Thèbes et voilà une sombre tragédie qui se déroule. Tu t'y intéressais quand tu étais seul?

ROBERT, s'arrêtant. — Parlons d'autre chose, Perdita, je t'en prie.

PERDITA. — Tiens, c'est la première fois

que tu m'appelles par mon nom. (*Un temps très court.*) Et l'autre livre, on peut l'ouvrir, celui-là? Thucydide : la *Guerre du Péloponèse.* C'est intéressant? Je ne l'ai jamais lu.

ROBERT. — Oh ! tu sais... (*Se reprenant et saisissant ce prétexte pour rompre la conversation.*) Il y a de très belles choses là-dedans. Je t'en lirai quelques lignes qui sont célèbres. (*Il feuillette le livre.*) Cela a été écrit à une époque où les gens étaient plus forts et plus durs que les hommes de notre temps. Ils n'avaient pas peur d'aller jusqu'au bout de leurs idées... Ah ! voilà. C'est ce que répondirent les Athéniens aux Méliens dont ils assiégeaient la ville et qui leur avaient envoyé des parlementaires : « Il faut se tenir, dirent-ils, dans les limites du possible et partir d'un principe universellement admis : c'est que, dans les affaires humaines, on se règle sur la justice quand, de part et d'autre, on en sent la nécessité, mais que les forts exercent leur puissance et que les faibles la subissent. » Les Méliens refusèrent de se déclarer sujets d'Athènes. Les Athéniens emportèrent la ville d'assaut. Ils passèrent au fil de l'épée tous les adultes et réduisirent en servitude les femmes et les enfants. Hein, ce n'est pas mal, cela?

PERDITA. — C'est impitoyable. Pourquoi te plais-tu à des choses aussi cruelles?

ROBERT, lentement, avec un peu d'étonnement. — Je ne sais pas, en vérité. Peut-être par réaction contre les niaiseries sentimentales qui sont à la mode.

PERDITA. — Tu voudrais t'endurcir.

ROBERT. — C'est une grande faiblesse d'être trop sensible.

PERDITA. — Il ne faudrait pas aller jusqu'à la dureté... Je ne vois pas, du reste, ce qui te pousse et pourquoi tu parles ainsi. Il est des cas où il n'y a ni vainqueurs, ni vaincus, ni innocents, ni coupables.

ROBERT. — Eh bien, ils paient tous ensemble, confondus les uns avec les autres. Il en est ainsi dans la vie. Il faut s'habituer à cette idée.

PERDITA. — Ta conversation est triste aujourd'hui, Robert.

ROBERT. — Tu as raison. C'est une conversation absurde... Je ne sais à quoi je pense. J'ai vécu récemment trop enfermé en moi-même.

PERDITA. — Oui, il semble que nous soyons séparés par tout un monde. Tu n'aurais pas parlé ainsi avant ma maladie, quand nous vivions l'un près de l'autre et que je connaissais la moindre de tes pensées. Maintenant il faut sur chaque point des explications. Qu'est-ce que tu veux dire par aller jusqu'au bout de ses idées?

ROBERT. — Avoir le courage de ce qu'on pense et ne s'arrêter à rien.

PERDITA. — Ah ! cela me plaît davantage, bien que cela soit un peu obscur.

ROBERT. — Ce n'est pas facile à expliquer. Ce n'est pas vis-à-vis des autres qu'il faut avoir ce courage ; c'est vis-à-vis de soi-même lorsqu'on est seul en face de sa conscience.

PERDITA. — Cette fois-ci je comprends ce que tu veux dire. (*Elle se lève, fait quelques pas et revient à Robert qu'elle regarde bien en face. Il détourne les yeux.*) Et tu trouves cela difficile?

ROBERT. — Très difficile.

PERDITA. — Impossible?

ROBERT. — Hélas, impossible.

PERDITA. — Cela aussi, je le comprends... C'est pour cela, sans doute, que tu ne me regardes jamais quand tu me parles maintenant.

ROBERT, très gêné. — Mais tu te trompes.

PERDITA. — Non. (*Un silence ; elle fait quelques pas, va à la table, prend un chrysanthème, puis s'approche de la fenêtre.*) Il y a encore du soleil au monde, et des fleurs, et des gens heureux qui passent dans la rue. Et j'ai vingt ans ! (*Revenant à Robert.*) As-tu jamais été malade, Robert?

ROBERT, étonné. — Malade?... Oui, j'ai été malade après ma seconde blessure.

PERDITA. — Tu as été en danger? Te souviens-tu de ce que tu as ressenti tout de suite après la période critique?

ROBERT. — J'ai eu une triste convalescence. J'étais prisonnier ; je me faisais beaucoup de soucis, pour ma mère, en particulier.

PERDITA. — Alors tu n'as jamais connu la joie de revenir à la vie?

ROBERT. — Non.

PERDITA. — Je te plains. C'est une des sensations les plus fortes et les plus enivrantes que l'on puisse éprouver. Je l'ai ressentie, je la ressens encore. Rien ne peut l'affaiblir, rien ne peut la diminuer. C'est comme si un flot de sang nouveau, tout frais, qui n'a jamais servi, emplissait vos veines. Il y coule joyeusement, en tumulte, en désordre. Il semble qu'on l'entende chanter en vous. Il emporte tout sur son passage, les regrets, les remords, et jusqu'aux souvenirs. On ne veut plus vivre que pour le présent ; — le passé est aboli. Et tout se colore magnifiquement à vos yeux. — Ai-je jamais vu le soleil avant aujourd'hui?... Ces fleurs ne se sont épanouies que pour moi. Les premiers grains de raisins que tu m'as apportés quand j'ai commencé de manger n'ont jamais eu leurs pareils au monde. On est comme transporté de joie et, quand même on sent encore une faiblesse qui, elle-même, n'est pas sans charme, on imagine qu'on surmonterait n'importe quel obstacle, si le destin en dressait un sur votre chemin.

ROBERT. — Tu as à peine vingt ans ; tout est miracle à cet âge-là.

PERDITA. — Pourquoi parles-tu comme un vieillard?

ROBERT. — J'ai vieilli soudainement.

PERDITA. — Faut-il te souhaiter d'être malade à ton tour pour que tu te réveilles jeune encore?

ROBERT. — Il faudrait que la maladie fût assez forte pour effacer tout souvenir en moi.

PERDITA, saisie. — Ah ! (*Un silence assez long, sur un autre ton.*) Comment va ta mère aujourd'hui?

ROBERT. — Elle était ici tout à l'heure avec tante Marie. A vrai dire elle n'est pas encore tout à fait rassurée. Elle s'inquiète.

PERDITA, l'interrompant. — A ton sujet, naturellement.

ROBERT. — Au nôtre. Je viens d'avoir une conversation assez pénible avec tante Marie. Elle s'est mis en tête qu'il y avait une cause morale à ta maladie.

PERDITA, *l'interrompant*. — Et à tes idées noires.

ROBERT. — Alors elle cherche.

PERDITA, *inquiète*. — Elle n'a pas trouvé? elle n'est pas sur la piste?

ROBERT. — Ah ! je te l'avoue, j'ai été sur le point de me trahir. Mais je me suis arrêté à temps.

PERDITA. — Il ne faut rien dire, Robert, quoi qu'il arrive. Promets-le-moi.

ROBERT.— Quoi qu'il arrive... Ne rien dire...

PERDITA. — Tu hésites?

ROBERT, *gêné*. — Je n'hésite pas, mais je ne suis pas sûr de comprendre. Pourquoi tiens-tu à cette promesse?

PERDITA. — Qu'est-ce qui t'arrête, ici, Robert? A quoi penses-tu? Y a-t-il une seule hypothèse dans laquelle tu puisses envisager de dire la vérité à ces deux pauvres vieilles femmes ! (*Allant à lui.*) Ah ! réponds-moi, cette fois-ci, et clairement... J'ai peur de comprendre. Parle, et que tes yeux ne quittent pas les miens.

ROBERT, *après un temps et avec un effort sur lui-même*. — Je ne dirai rien.

(*Il se détourne d'elle et fait quelques pas rapides. Elle le suit des yeux avec inquiétude.*)

PERDITA, *se laissant tomber sur le divan*. — Je me sens fatiguée, soudainement.

ROBERT, allant à elle. — Je suis au désespoir. C'est ma faute encore. Ah ! tant de maladresse !

PERDITA. — Non, tu n'y es pour rien. Un peu de lassitude seulement. Ne t'alarme pas à mon sujet. Tu vois, j'ai déjà repris mes couleurs. Je suis plus impressionnable encore que je ne le croyais. Il y a entre nous une atmosphère à laquelle je ne suis pas habituée. C'est sans doute ce qui m'oppresse. Il me faut à tout moment faire un effort pour savoir ce que tu penses. Cela m'est très pénible. J'ai été inquiète, il y a un instant, parce qu'il m'a semblé que tu me cachais quelque chose... De toi à moi, c'est impossible.

ROBERT. — Hélas ! vois où la franchise nous a menés.

PERDITA. — C'est vrai, et pourtant les blessures qu'elle fait ne sont pas empoisonnées.

ROBERT. — Elles tuent aussi sûrement.

PERDITA. — Mon pauvre Robert, est-ce toi qui parles ainsi? Comme tu as changé !

ROBERT. — J'ai beaucoup changé, en effet.

PERDITA. — Je ne te reconnais plus.

ROBERT, se montant peu à peu. — Tu t'en étonnes? mais pourrait-il en être autrement? J'étais, il n'y a pas longtemps, un homme fier et je suis accablé par la honte. J'étais fort et ne demandais le secours de personne, je suis brisé par des événements qui sont plus forts que moi. Je me croyais un esprit libre. A quoi me sert une liberté dont je ne puis user? Je suis devant toi et je baisse les yeux. J'ai ruiné ta vie, c'est vrai, mais la mienne du même coup. La grandeur du châtiment dépasse la faute. Regarde ici les misérables que nous sommes. Nous nous cherchons et nous nous fuyons en même temps. Je ne sais rien de toi et j'ai peur, car ce que j'entrevois me terrifie. A chaque instant tu approches d'un sujet qui ne peut pas être abordé. Tes allusions au passé, comment les supporter? C'est assez qu'il vive terriblement en nous. Un esprit de vengeance t'anime-t-il? Veux-tu me faire payer un crime ancien ! Ah ! laisse, laisse l'expiation venir à son heure qui est peut-être proche. Faut-il auparavant implorer ta pitié, ton pardon? Est-ce cela que tu veux de moi? Crois-tu que je ne sente pas suffisamment mes torts? Leur poids est sur mes épaules et m'écrase.

PERDITA. — Robert, arrête-toi.

ROBERT. — Non, il faut que je parle. C'est peut-être la dernière fois.

PERDITA, bondissant sur lui. — Que dis-tu?

ROBERT. — J'eusse mieux fait de me taire. Je ne l'ai pas pu. Quelque chose de plus fort que moi m'a poussé à parler. Je voulais te cacher encore la décision que j'ai prise. Mais, hélas ! tu n'as pas fait en vain appel à ma franchise et au Robert que tu as connu.

PERDITA. — Je le retrouve, enfin.

ROBERT. — Pour le perdre à jamais. Perdita, il faut que je te quitte !

(Il se laisse tomber à genoux devant Perdita, et pleure.)

PERDITA. — C'est donc vrai. Tu veux me quitter... Je le soupçonnais depuis un moment.

Et voilà que tu pleures à mes genoux. (*Elle lui caresse doucement la têle.*) Toi, mon Robert ! Je n'ai jamais vu des larmes dans tes yeux. Tu es un homme, et fort, et tu pleures ! Faut-il que tu aies souffert, mon chéri, pour en arriver là ! Et c'est à cause de moi ! Comment veux-tu que je le supporte?

ROBERT, *se relevant*. — Je te demande pardon. Une faiblesse indigne de moi...

PERDITA. — Non, ne t'excuse pas. Je t'aime ainsi. Je te préfère au Robert fermé de tout à l'heure, à celui qui se cachait de moi. Quel crime avais-je donc commis pour être traitée ainsi en ennemie? Ne sommes-nous pas restés, malgré tout, ce que nous étions, des cœurs honnêtes et droits, entre lesquels aucune ruse n'est possible, entre lesquels il ne peut y avoir de dissimulation?

ROBERT. — Perdita, la souffrance m'avait fait perdre la raison,

PERDITA. — Te voilà redevenu humain, comme tu l'étais. Maintenant nous pourrons causer ouvertement. Maintenant, tu peux me dire comment tu as été amené à cette étrange décision de partir.

ROBERT. — Il faudrait peut-être que je fusse plus maître de moi que je ne le suis pour te le faire comprendre. Je l'essaierai pourtant. Mais, au vrai, que te dire, Perdita? La décision de partir n'a-t-elle pas en soi son explication? Que puis-je y ajouter?

PERDITA. — Pourtant il me faut davantage et je ne te tiens pas quitte si aisément. Tu étais résolu à quitter ta mère et ta tante, et sous quel prétexte? Quel motif aurais-tu invoqué pour leur faire tant de peine.

ROBERT. — Je leur aurais dit la vérité.

PERDITA, *effrayée*. — La vérité ! tu n'y penses pas !

ROBERT. — Il y a un moment où on ne peut la taire. Une lettre, une heure après mon départ, leur en aurait donné la raison.

PERDITA. — C'était là ce que tu avais décidé. Tu voulais mettre de l'irrévocable entre nous. Tu voulais rendre ton retour impossible.

ROBERT. — Mon retour n'est-il pas impossible? N'y a-t-il pas de l'irrévocable entre nous?

PERDITA. — C'est ainsi que tu partais pour toujours. Et je n'aurais appris, moi aussi, ce départ, que par une lettre. Est-ce possible? Est-ce toi qui parles?... (*Un temps.*) Mais je veux savoir encore une chose et il faut que je reste calme. Dis-moi, je te prie, pourquoi, puisque notre séparation est inévitable, c'est toi qui dois quitter cette maison et non pas moi? Il y a là quelque chose d'incompréhensible qu'il faut éclaircir. C'est moi qui dois m'en aller, moi qui suis une intruse ici. Voilà la solution naturelle.

ROBERT. — Perdita, tu n'es pas une intruse ici.

PERDITA. — C'est vrai. Mais veux-tu que ta mère et ta tante aient pour cette petite fille retrouvée les sentiments qu'elles ont pour toi?

ROBERT. — J'ai pensé que, lorsqu'elles verront notre vie ruinée, tu sauras les consoler mieux que moi. Je suis devenu d'humeur sombre et renfermée. De quelle aide leur serai-je, moi qui ai déjà tant de peine à me supporter moi-même? Tandis que toi, ta grâce, ta fraîcheur, ta bonté naturelle, ta jeunesse rayonnante, quel don leur fais-je ainsi en les quittant ! Et toi-même, Perdita, où puis-je te laisser avec plus de sécurité, avec moins de soucis à ajouter à ceux que j'emporte avec moi?

PERDITA, après un silence et appuyant sur les mots. — Et tu comptes aller très loin?

ROBERT. — Loin ou près, qu'importe?

PERDITA. — Je sens bien que ce que tu dis est vrai, mais n'est vrai qu'en partie. Tu ne me trompes pas, et pourtant l'accent de ta voix ne porte pas la conviction en moi. Il y a dans ta pensée quelque chose d'affreux que l'on ne peut dire. Mais on peut le deviner, s'il faut le taire. Robert, pourquoi ne m'invites-tu pas à faire ce grand voyage avec toi?

ROBERT. — Que dis-tu?

PERDITA. — Ne suis-je pas ta compagne de toujours? Crois-tu que tu aies le droit de couper les liens qu'il y a entre nous ?

ROBERT, avec effroi. — Toi, partager mon sort ! Il ne le faut pas, Perdita. Une victime suffit.

PERDITA. — Et tu t'es désigné toi-même sans me consulter !

ROBERT. — Je suis un homme frappé de la foudre et qui n'a plus qu'à disparaître.

PERDITA. — Et qui m'empêchera de te rejoindre où tu vas?

ROBERT. — Je t'en supplie, quitte cette pensée. La vie est devant toi.

PERDITA. — La vie n'a pour moi, sache-le, que le sens que tu lui as donné.

ROBERT, *éperdu*. — Perdita, c'est impossible ! Moi, être cause de ta mort? Je ne puis en supporter l'idée. Je te promettrai tout ce que tu voudras. Je partirai seulement, parce qu'il est impossible que je continue à vivre ici... Je partirai, et ce sera tout... Tu comprends ce que je veux dire. Mais toi, tu resteras là, un peu, auprès de ma mère, et puis, un jour, qui sait...

PERDITA. — Robert, reviens à toi. Ton esprit semble égaré. Quelles semaines as-tu passées dans la solitude? Quelles tortures as-tu endurées pour que je te retrouve ainsi? Et moi, pendant que tu souffrais, je revenais paisiblement à la vie dans mon lit de malade, entourée des soins et de l'affection de tous. Mais c'était toi, mon pauvre Robert, qui étais en danger mortel, toi qu'on abandonnait pour ne penser qu'à moi, toi, sur qui j'aurais dû veiller tendrement à chaque minute. Ah ! j'ai été loin de toi trop longtemps. Mais écoute, Robert, même si nous avons peu d'heures à vivre ensemble, il faut au moins qu'elles nous servent à éclaircir tout ce qui reste d'obscur entre nous. Il faut que je sache ce qu'il y a en toi et que je ne te cache rien de ce que je pense.

ROBERT. — Tu entreprends une tâche impossible.

PERDITA. — Il s'agit de te sauver. Crois-tu que je vais reculer? Je ne sais si je me trompe, mais je pense que je pourrai enlever de ton cœur l'amertume qui l'empoisonne.

ROBERT. — Serais-tu cette magicienne?

PERDITA. — J'irai droit au but. Ma vie est ruinée, il est vrai, mais où est ta faute, Robert? Je la cherche et ne la trouve pas.

ROBERT. — Tu es généreuse, Perdita.

PERDITA. — Tu n'as pas été coupable envers moi. Seul le jeu tragique des circonstances a été contre nous.

ROBERT. — Déjà les choses m'apparaissent dans une lumière nouvelle.

PERDITA. — Les hommes n'ont rien à voir dans la situation où le hasard nous a placés. Ils n'ont pas à la connaître, nous ne dépendons ni de leurs idées, ni de leurs préjugés, ni des lois changeantes qu'ils ont faites, ni de celles, plus impérieuses parfois, qui ne sont pas écrites.

ROBERT. — Où te diriges-tu, Perdita?

PERDITA. — Attends... Nous sommes l'un et l'autre, des esprits libres. Nous ne nous trouvons pas en face des lois divines.

ROBERT. — Tu dis vrai.

PERDITA. — J'en suis arrivée là. J'avais détruit tout ce qui au dehors s'oppose à nous, et je me suis arrêtée, effrayée tout à coup, car je m'apercevais soudain que l'obstacle auquel nous nous heurtons, c'est dans nos cœurs, dans nos esprits qu'il s'est dressé. Comment le vaincre puisque c'est de nos idées et de nos sentiments qu'il se fortifie?... Et je suis restée là, immobile, ne pouvant faire un pas de plus. Le chemin était fermé devant moi... Et soudain, un jour, un miracle s'est produit... Je ne sais comment te l'expliquer, mais voilà, l'obstacle avait disparu, la route était libre et la barrière tombée.

ROBERT. — Que veux-tu dire? Si je t'entends bien, tu as senti qu'après cette crise, tout n'était pas fini pour toi, que tu pouvais être heureuse encore. C'est cela, n'est-ce pas? Je le prévoyais... A ton âge, il n'est rien d'irréparable, le cœur a une faculté de renouvellement qui semble inépuisable. Ah ! c'est un grand souci de moins pour moi. Je respire plus librement.

PERDITA. — Décidément le voile que le temps et la séparation ont tissé entre nous est épais.

ROBERT. — Il faut le déchirer hardiment, Perdita.

PERDITA. — Je te dirai donc tout, Robert. La vérité est que, lorsque je me suis interrogée à ton sujet, je n'ai trouvé dans mon cœur que le souvenir de l'homme que j'ai connu jeune fille et qui a fait de moi une femme. Il n'y avait pas deux images qui se combattaient ; une seule régnait, éclatante, sans rivale. Contre quoi, du reste, aurait-elle eu à se défendre? Contre des souvenirs si lointains, si vagues, si pâles qu'ils se perdent dans un passé tout noyé dans les brouillards. J'en suis arrivée à douter même de leur existence. J'ai chassé loin de moi ce que j'ai entendu du Robert d'il y a vingt ans, j'ai grandi sans le connaître ; j'ai vécu comme s'il n'avait pas existé. Pour moi, il n'y a qu'un Robert, celui qui m'est apparu là-haut, sur la montagne, et qui a ouvert devant mes pas le chemin véritable du bonheur. Tu vois bien qu'il m'est impossible de me battre contre les fantômes qui t'apparaissent?

ROBERT. — Que veux-tu dire ici, Perdita? il faut que je le sache.

PERDITA. — Pourquoi me forces-tu à expliquer ce qui est l'évidence même?

ROBERT. — Va jusqu'au bout.

PERDITA. — Où je me sauve, tu te perds. J'étais une enfant, il y a seize ans ; tu étais un homme. Tout s'est effacé de ma mémoire ; mais des images nettes, précises, sont restées gravées dans ton cœur. Aussi tes regards se détournent de moi, tu ne peux supporter ma vue, parce qu'en ma personne, le présent et le passé se mêlent à tes yeux affreusement... J'ai fini. Puisse ce que tu viens d'entendre te rendre plus facile de vivre lorsque nous serons séparés !

ROBERT. — J'étais allé si loin dans mon erreur que je doute encore de ce que je viens d'entendre. C'est en moi un grand tumulte. Je ne sais comment m'y reconnaître. Mais d'abord, il y a ceci : tu ne me hais pas. Répète, répète ces mots pour qu'ils me pénètrent.

PERDITA. — Je t'aime toujours.

ROBERT. — Tais-toi, ne dis plus rien. Laisse-moi, laisse-moi un instant pour m'habituer à l'éclat de cette idée. Je suis comme un homme qui aurait été enfoui longtemps dans un cachot, qu'on en tire soudain et qu'on amène en plein soleil. La lumière, la grande et belle lumière du jour l'aveugle ! Ah ! tu ne sauras jamais dans quelles angoisses j'ai vécu. Je ne t'avais sauvé de la mort que pour te perdre à nouveau, irrémédiablement cette fois et avec une telle suite de douleurs devant moi, et si aiguës, qu'il m'aurait été impossible de les supporter. Rester accablé sous le poids de ta haine que je croyais avoir méritée et te voir me quitter pour aller vers je ne sais qui, mais vers un autre, sans doute, cela était au-dessus de mes forces... Et puis voilà que soudain... Ah ! jure que tu ne me quitteras jamais quoi qu'il arrive?

PERDITA. — Je te quitterai pourtant, Robert.

ROBERT. — Que veux-tu dire? Quel est ce jeu cruel?

PERDITA, douloureusement, d'abord, puis se montant peu à peu. — Ce n'est pas un jeu, Robert, tu sais bien que j'en suis incapable. Mais, en vérité, comment peux-tu imaginer qu'une vie commune est possible entre toi, tourmenté par le passé, et moi, pour qui le présent seul existe. Je ne t'ai rien caché, tu sais ce qui est en moi ; et d'autre part, tu te connais toi-même, tu es celui qui se souvient... Vivre l'un près de l'autre ! Ce serait perpétuer un conflit intolérable. Et ne vois-tu pas où nous irions? A m'avoir à tes côtés chaque jour, presque à chaque heure, il arriverait un moment où le présent l'emporterait, un moment où tu oublierais le passé et ta fille perdue, où tu ne verrais plus en moi que la femme que tu as aimée. Dans un moment de folie, tu me prendrais dans tes bras. Où trouverais-je la force de résister? Sur quoi m'appuierais-je pour lutter contre toi?... Et de nouveau nous serions l'un à l'autre...

Mais tu te ressaisirais bien vite et tu me maudirais d'avoir été la cause de ton égarement. Les remords t'accableraient — je te connais maintenant, je sais que tu es leur proie facile — et qu'adviendrait-il de nous au lendemain de ce qui serait à tes yeux une faute, et peut-être un crime?

ROBERT, voulant l'interrompre. — Mais, Perdita ! c'est toi maintenant qui es dans l'erreur. Écoute-moi un instant.

PERDITA, avec plus de passion encore. — A quoi bon? Il y a tout de même entre nous un abîme que tu ne franchiras pas... Mettons que je me trompe. Mettons que tu sois un homme au-dessus des faiblesses humaines, un homme impassible, un homme qui ne peut faillir... Mais moi, je ne suis qu'une femme, et une femme qui aime, une femme sans force contre l'amour que tu as su lui inspirer. Tu ne peux pas attendre de moi l'assurance tranquille qui t'est facile. M'imposeras-tu le supplice quotidien de rester indifférente et froide auprès de celui que j'aime? Puis-je répondre de moi? Ah ! tu ne me connais guère ! (*Elle s'approche de lui.*) Je voudrai prendre ta main. (*Elle lui prend la main.*) La retireras-tu? Je voudrai me blottir près de toi, dans la chaleur de ton corps, à ma place, comme je disais autrefois. (*Elle est tout près de lui, la tête presque sur l'épaule de Robert.*) Me chasseras-tu? (*Avec violence et l'écartant d'elle.*) Non, non, tu l'as dit, il ne faut pas défier les dieux. Renvoie-moi, et tout de suite, tu m'entends. Demain il serait trop tard. (*Changeant de ton et avec un gémissement.*) Ah ! tu as tant fait que, cette fois-ci, j'ai honte ! (*Elle tombe sur le divan et san-glote. Robert fait deux pas pour aller à elle, puis a un instant d'hésitation.*)

PERDITA, qui le voit immobile, se redresse et se lève. — L'expérience est faite ; elle est décisive. Tu ne demanderas plus rien après ce qui vient de se passer. Séparons-nous. C'est moi qui quitte cette maison.

ROBERT, courant à elle. — Non, tu resteras ici.

PERDITA. — Il faut que je parte.

ROBERT. — Je saurai te garder.

PERDITA. — C'est impossible, hélas!

ROBERT. — Tu t'es trompée sur mes sentiments comme moi sur les tiens. Nous avons vécu l'un et l'autre dans la même erreur.

PERDITA. — Que veux-tu dire?

ROBERT. — C'est difficile. Les mots me sont lourds à manier... Je ne sais où trouver un chemin... Ah! voilà!... Perdita, te souviens-tu, tout à l'heure — il y a un siècle tant il s'est passé de choses depuis — de m'avoir dit que je ne pouvais même pas te regarder?

PERDITA. — Je me souviens. Tu n'avais pas levé les yeux sur moi depuis que j'étais entrée dans cette pièce.

ROBERT. — Tu croyais que je te détestais, que je ne pouvais supporter ta vue... Folie ! Veux-tu savoir la vérité? Je puis te la dire enfin...

PERDITA. — Parle donc.

ROBERT. — Je ne te regardais pas parce que je te trouvais trop belle.

PERDITA, avec un mouvement de pudeur. — Ah!

ROBERT. — Je craignais de t'offenser cruellement ; je voulais te fuir, j'étais arrivé à la pensée de m'effacer du monde, j'allais mourir, parce que je me sentais incapable de ne pas t'aimer et que je ne pouvais supporter l'idée d'être repoussé par toi. J'étais malade, Perdita, tu l'as dit, comme toi, mais d'une autre manière !

PERDITA. — Es-tu certain d'être revenu à la santé?

ROBERT. — C'est toi qui m'as, d'un seul mot, guéri.

PERDITA. — Ne crains-tu pas de retomber dans ton égarement? Écouteras-tu les sirènes qui parlent du passé? Fais-y attention. La moindre rechute, sache-le, serait mortelle.

ROBERT. — Le passé est effacé à jamais.

PERDITA. — Je ne puis être la compagne que d'un homme fort et maître de lui.

ROBERT. — Je serai cet homme auprès de toi. Nous quitterons cette ville hantée par trop de souvenirs. Là-bas, plus loin que les terres civilisées, nous irons nous faire une âme neuve dans les pays qu'inonde une lumière primitive.

PERDITA. — Nous laverons nos corps purs dans les mers du Sud.

ROBERT. — Tu as confiance en moi? Tu acceptes de me suivre?

PERDITA. — Du jour où je me suis donnée, j'ai remis ma vie entre tes mains. Je ne la reprends pas. Aujourd'hui, je te retrouve tel que je t'ai toujours connu. Fais de moi ce que tu voudras.

RIDEAU

ACHEVÉ D'IMPRIMER LE
23 SEPTEMBRE 1924 PAR
L'IMPRIMERIE FLOCH,
A MAYENNE (FRANCE)